Python 3 -ohjelmoinnin perusteet

Juha Peltomäki

© 2023 Juha Peltomäki

Kustantaja: BoD – Books on Demand, Helsinki, Suomi

Valmistaja: BoD – Books on Demand, Norderstedt, Saksa

ISBN: 978-952-80-6958-4

Esipuhe

Python-ohjelmointikielen kehitti alun perin vuonna 1991 Hollantilainen **Guido Van Rossum**. Hän kehitti kielen yksinkertaisen ABC-ohjelmointikielen pohjalta, mutta se sisälsi piirteitä muistakin ohjelmointikielistä. Python-kielen syntaksi oli hyvin helppolukuista verrattuna moniin aikalaisiinsa, kuten C++- tai Java-kieliin verrattuna. Sen alkuperäisenä suunnittelufilosofia oli parantaa koodin luettavuutta ja lisätä kehittäjien tuottavuutta. Jo ensimmäinen julkaistu versio sisälsi tuen olio-ohjelmoinnille ja kieli saavutti suosiota jo 1990-luvulla, mutta laajamittainen suosio tuli myöhemmin.

Varsinainen Python-kielen kulta-aika alkoi 2010-luvulla, jolloin vuonna 2008 julkaistua **Python 3** -versiota alettiin yhä enemmässä määrin käyttämään Web-ohjelmoinnissa, peliohjelmoinnissa, data-analytiikassa ja tekoälyratkaisuissa toteutuskielenä. Näihin sovelluskohteisiin tarvitaan erilaisia laajennuskirjastoja, joita onkin saatavilla runsaasti, kuten Flask ja Django Web-ohjelmointiin tai PyGame pelinkehitykseen. Data-analytiikkaan löytyvät mm. NumPy- ja Pandas-kirjastot sekä MathPlotLib-kirjasto visualisointiin. Eräs sovelluskohde on IoT-sovelluksien toteuttaminen Raspberry PI:lle Python 3:lla. Myös ohjelmistotestaukseen on tarjolla laajalti kirjastoja: Robot Framework testit voivat kutsua Python-funktioita ja Selenium-kirjastoa voi käyttää graafisen käyttöliittymän testaamiseen. Python-kieltä voikin hyvällä omallatunnolla kutsua yleisohjelmointikieleksi, jolla voi ratkaista monimutkaisen ongelman lyhyemmässä ajassa ja pienemmällä määrällä koodia.

Tiobe Index -indeksissä, joka mittaa ohjelmointikielten suosiota, Python oli ensimmäisen kerran suosituin kieli vuonna 2018. Edelleen vuonna 2023 Python jatkaa yhdessä n. 50-vuotiaan C-kielen kanssa suosituimpana ohjelmointikielenä. Myös opetuspuolella Python-kieltä käytetään peruskouluista alkaen aina korkeakoulujen tekoälysovelluskursseilla saakka. Python soveltuu erinomaisesti itseopiskeluun ja ensimmäiseksi ohjelmointikieleksi, mutta sitä voi käyttää myös kaikkein vaativimmissa ohjelmointitehtävissä.

Tämä kirja keskittyy **Python 3**-kielen keskeisimpiin ja tärkeimpiin ominaisuuksiin. Kirjan sivuilla tutuksi tulevat niin olio-ohjelmoinnin kuin funktionaaliset ohjelmoinnin tavat. Kirja on kirjoitettu Python-kielen tärkeimpiä ominaisuuksia korostaen. Kirjan keskeisin tavoite on opettaa lukija hallitsemaan Python-kielen tärkeimmät perusasiat.

Kirjan sisältö pohjautuu omaan työkokemukseeni sekä koulutuskokemukseeni eritasoisilta ohjelmointikursseilta. Kirjan teossa avusti ansiokkaasti **Esa Salmikangas**, joka auttoi kirjan sisällön kommentoinnissa ja teknisessä oikoluvussa. Kirjan laajemmat esimerkit löytyvät osoitteesta: https://github.com/jupepe/python3_kirja.

Tämä kirja on saanut tukea Suomen tietokirjailijat ry:ltä.

Juha Peltomäki tammikuussa 2023.

Sisällysluettelo

Python-kieli

Python on korkeatasoinen, rakenteinen, oliopohjainen avoimen lähdekoodin ohjelmointikieli, jota voi käyttää hyvin erilaisiin ohjelmointitehtäviin. Sen alkuperäinen kehittäjä on hollantilainen **Guido Van Rossum** vuonna 1991 ja hän kehitti kielen yksinkertaisen **ABC**-ohjelmointikielen pohjalta. Python-kieli on saanut nimensä englantilaisen 1970-luvun TV-sarjan 'Monty Python's Flying Circus' mukaan.

Ensimmäinen **Python 3** -versio eli **Python 3.0**, johon tämän kirjan esimerkkien syntaksi perustuu, julkaistiin joulukuussa 2008. Kannattaa huomioida, että Python 3 ei ole täysin yhteensopiva **Python 2** - version kanssa, mikä oli Python-kielen vuonna 2000 julkaistu edellinen pääversio. Nykyään Python-kieltä voi käyttää kaikissa yleisimmissä käyttöjärjestelmissä, kuten Windows-, Linux- ja MacOS-järjestelmissä.

Kirjan julkaisuhetkellä eli vuonna 2023 Pythonista ollaan aliversiossa **Python 3.11**. Kirjan kaikki esimerkit toimivat kuitenkin **Python 3.8** tai sitä uudemmilla 3.X-versioilla, jos kaikki tarvittavat kirjastot on asennettu tietokoneelle.

Python-ohjelma

Python-ohjelman lähdekoodi (*source code*) on luettavaa ja suhteellisen helppoa ylläpitää. Tärkeimpiä Python-ohjelmaan liitettyjä ominaisuuksia ovat:

- Python-ohjelman koodi on hyvin jäsenneltyä ja helppolukuista, joten se on helpommin ymmärrettävää lähdekoodia.
- Koodin siirrettävyys skriptikielinä on helpompaa kuin käännettävissä kielissä.
- Ohjelma suoritetaan Python-tulkilla, joka on tuettuna kaikissa tärkeimmissä nykyaikaisissa käyttöjärjestelmissä.
- Python-ohjelmaa voi laajentaa monipuolisilla kirjastoilla.

Python-kielen lisäksi on saatavilla paljon kolmannen osapuolen kirjastoja, jotka laajentava toiminnallisuutta. Esimerkkejä kirjastoista ovat **NumPy**, **SciPy**, **Pandas**, **MathPlotLib**, joita käytetään data-analytiikka- ja tekoäly-sovellusalueella, jossa Python on suosituin valinta toteutuskieleksi.

Python-tulkki

Python-kielellä kirjoitetun ohjelman **lähdekoodin** suorittamiseen tarvitaan **Python-tulkki** (*interpreter*). Se täytyy asentaa järjestelmään ennen Python-ohjelman suorittamasta. Tämän lisäksi tulkin tulee löytyä käyttöjärjestelmän ohjelmapolusta, jotta ohjelman voi suorittaa.

Python 3 -tulkki toimii seuraavasti:

- Ohjelman **lähdekoodi** (*source code*) käännetään **tavukoodiksi** (*byte code*).
- Tavukoodi suoritetaan **Python-virtuaalikoneessa** (*Python Virtual Machine*).
- Tavukoodi generoidaan uudelleen aina, kun lähdekoodia muutetaan tai tietokoneelle asennettu Python-versio päivitetään.

Python-ohjelmoinnin perusvälineet

Python-kielessä on hyvin suoraviivainen ja luettava syntaksi. Ohjelmoinnin voi aloittaa nopeasti ilman ylimääräistä koodia. Yksinkertaisin funktio on *print()*-funktio, joka tulostaa yhden rivin (sisältäen myös rivinvaihtomerkin). Kirjan kaikki esimerkit on kirjoitettu Python 3 -versiolla, joka tukee kielen uusimpia ominaisuuksia.

- Python-koodin voi kirjoittaa **Python-skriptiin**, joka tulkataan yhtenä **koodilohkona** (*code block*).
- Python-koodin voi kirjoittaa myös komentoriville interaktiiviseen **Python-konsoliin** (*Python interactive console*).
- Monimutkaisemmat projektit vaativat **IDE-sovelluskehittimen** (Kuten **Visual Studio Code** tai **PyCharm**), koska ne sisältävä oikean debuggerin ja muita hyödyllisiä työkaluja mm. koodin kirjoittamiseen, muotoiluun ja testaamiseen.

```
Command Prompt - python

C:\Users\juha>python
Python 3.10.6 (tags/v3.10.6:9c7b4bd, Aug  1 2022, 21:53:49)
Type "help", "copyright", "credits" or "license" for more i
>>> 10 * 3
30
>>> print("Hello World")
Hello World
```

Kuva: Python-konsoli

Python-sovelluskehittimet

Varsinaiseen ohjelmointityöhön ohjelmoijan kannattaa käyttää **IDE-sovelluskehitysympäristöjä** (*Integrated Development Environment*), joihin on integroitu työkaluja ohjelman suunnitteluun, kehittämiseen ja testaamiseen. Työkalujen integroinnin ansiosta ne voivat siirtää tietoa työkalusta toiseen saumattomasti. Yleensä monet IDE-sovelluskehittimet tukevat useita erilaisia ohjelmointikieliä ja työkaluja. Työkaluja voi asentaa IDE-sovelluskehittimeen lisää tarvittaessa plug in -ohjelmina.

Suosittuja IDE-sovelluskehittimiä Python-kielellä tehtävien ohjelmien kirjoittamiseen ovat ainakin seuraavat vaihtoehdot:

- **PyCharm**, josta on saatavilla ilmainen Community-versio sekä kaupallinen Professional-versio, on monipuolinen sovelluskehitin ammattikäyttöön.
- **Visual Studio Code** (VS Code) on ilmainen avoimen lähdekoodin kehitin, jonka Microsoft on kehittänyt.
- **Spyder** sopii erityisesti tieteelliseen käyttöön ja se tulee **Anaconda**-ympäristön mukana. Anaconda-ympäristö sisältää runsaasti kirjastoja, kuten mm. NumPy, Pandas, scikit-learn sekä MathPlotLib.
- **IDLE** on hyvin kevyt ja yksinkertainen IDE-sovelluskehitin opiskeluun.
- **Pydev** on rakennettu Eclipse-sovelluskehittimen päälle.
- **Atom** on Githubin kehittämä avoimen lähdekoodin editori.
- **Vim**-editori, jota monet Linux-käyttäjät käyttävät, tukee Python-kieltä.
- **Jupyter Notebook** on paljon käytetty ympäristö ja se soveltuu koodin jakamiseen, opiskeluun ja siihen voi liittää **MarkDown**-merkintäkieltä.

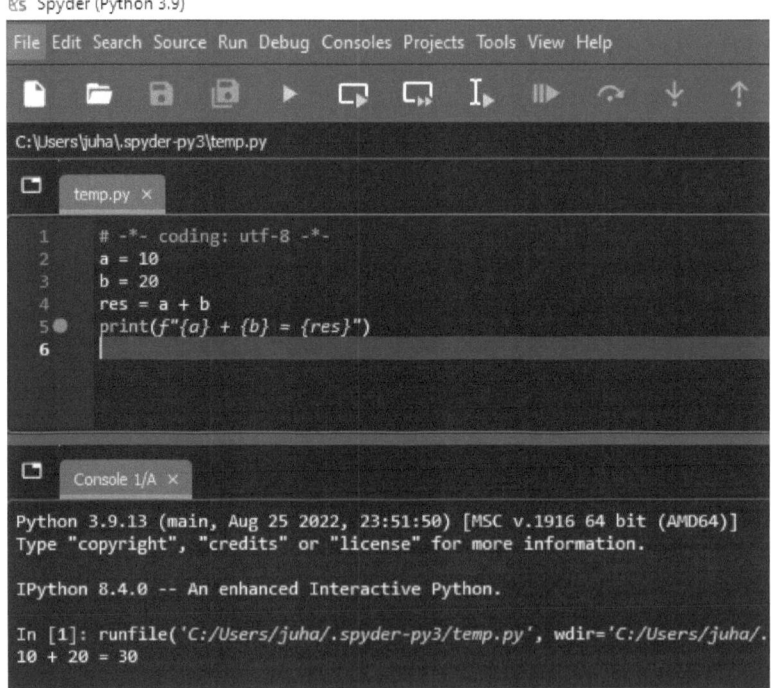

Kuva: Spyder IDE

Python-ohjelmoinnin alkeet

Käydään läpi Python-ohjelmoinnin tärkeimmät perusasiat. Käydään aluksi läpi ohjelmia, joissa käytetään vain perustietotyyppejä, kuten kokonaisluku (**int**), liukuluku (**float**), merkkijono (**str**) ja totuusarvo (**bool**).

"Hello World" Python-ohjelma

Kirjoitetaan ensimmäinen Python-ohjelma. Ohjelman voi kirjoittaa tekstieditorilla, jolloin se suoritetaan komentoriviltä seuraavasti: **python hello_python.py**.

```
# Kirjoita ohjelma tekstitiedostoon hello_python.py
print('Hello World')
Hello World
```

Ohjelman onnistunut suorittaminen toki edellyttää, että ollaan samassa hakemistossa, johon tekstitiedosto *hello_python.py* on tallennettu.

```
Command Prompt

esimerkit\1basics>python -V
Python 3.10.6

esimerkit\1basics>python hello_python.py
Hello World
```

Kuva: Ohjelman suoritus komentokehotteesta

Ohjelman sisältämän tekstin voi sijoittaa myös muuttujaan, josta sen voi tulostaa.

```
hello_viesti = "Hello World"
print(hello_viesti + "!")
```

```
 Hello World!
```

Ohjelman sisältämän viestin voi upottaa tulostettavaan merkkijonoon **formatoitavan merkkijonon** (*f-strings*) avulla.

```
viesti = "World"
print(f"Hello {viesti}!")
```

```
 Hello World!
```

9

Kokonaisluku

Kokonaisluvu (*Integer*) on yksi Python-perustietotyypeistä. Kokonaisluku on negatiivinen, positiivinen tai nolla. Pythonissa kokonaislukumuuttujat määritellään antamalla muuttujalle kokonaisluku.

```
a = 1
b = 2
print(a + b)
```

```
3
```

Kokonaisluvun tyyppi on **int**.

```
tulo = a * b
print(tulo)
print(type(tulo))
```

```
2
<class 'int'>
```

Liukuluku

Liukulukuluku (**float**) on toinen numeerinen perustietotyyppi. Liukuluku voi sisältää kokonaisosan lisäksi myös desimaaliosan. Liukuluvun voi esittää myös tieteellisissä merkinnöissä olevilla numeroilla, jotka sisältävät eksponentteja (syntaksina *e* tai *E*). Pythonissa liukuluku luodaan **float()**-funktiolla tai antamalla luvun luontivaiheessa desimaalipiste.

```
a = 1.1
b = 2.11
print(a + b)
```

```
a + b
3.21
```

Liukuluvun tyyppi on **float**, joka on kuten **int**-kokonaislukutyyppi, myös muuttumaton oliotyyppi.

```
tulo = a * b
print(tulo)
print(type(tulo))
```

```
2.321
```

10

```
<class 'float'>
```

Jos kokonaislukujen laskuoperaation tuloksena syntyy liukuluku, niin tulos on automaattisesti **float**-tyyppinen.

```
jakotulos = 1 / 3
print(jakotulos)
print(type(jakotulos))
```

```
0.3333333333333333
<class 'float'>
```

float-tyypin voi alustaa ilman desimaaliosaa.

```
ilman_pistetta = 2.
print(ilman_pistetta)
print(type(ilman_pistetta))
```

```
2.0
<class 'float'>
```

float-tyypin voi luoda kokonaisluvusta **float()**-funktiolla.

```
float_kl = float(42)
print(float_kl)
print(type(float_kl))
```

```
42.0
<class 'float'>
```

int * float tuottaa **float**-tyyppisen tuloksen.

```
tulos = 2. * 3
print(tulos)
print(type(tulos))
```

```
6.0
<class 'float'>
```

Muuttujat

Python-ohjelmoinnissa tieto tallennetaan **muuttujaan** (*variable*). Ohjelmassa muuttujan voi luoda. Ohjelma suorittaa **operaatioita** muuttujille ja muuttaa tai laskee niiden arvoja. Kun muuttujan voimassaoloalue päättyy, niin se tuhotaan. Esimerkiksi kun funktiokutsu on ohi, niin funktion sisällä määritellyt paikalliset muuttujat tuhoutuvat. Jatkoa ajatellen on hyvä tietää, että Python-kielessä muuttuja on **viittaus** (*reference*) muistipaikkaan.

Muuttujat ovat olioita

Pythonissa kaikki muuttujat ovat tyypiltään **olioita** (*object*). Muuttujan arvo viittaa tällöin olioon, joka on tallennettu tietokoneen keskusmuistissa tiettyyn muistipaikkaan.

Useimmassa ohjelmointikielissä, kuten Javassa tai C#:ssa tai jopa JavaScript-kielessä, on olioiden lisäksi ns. **alkeistietotyyppejä** (mm. kokonaisluvut, liukuluvut tai **boolean**-tyypit). Ne tallennetaan sellaisenaan muuttujiin, mihin syynä on yleensä ollut tavoite säästää keskusmuistia. Python-kielessä alkeistietotyyppejä vastaavat oliot ovat muuttumattomia eli niiden arvoa ei voi muuttaa asetuksen jälkeen.

- Oliot ovat ylemmän tason tietorakenteita, jotka sisältävät useita muuttujia sekä joukon näitä muuttujia käyttäviä operaatioita
- Olion voi parhaiten ymmärtää monimutkaisempana muuttujatyyppinä, jonka voi myös itse määrittää tarpeen mukaan.

Muuttujat ovat tyypittömiä

Muuttujat (*variables*) ovat Python-kielessä niiden määrittelyvaiheessa tyypittömiä. Ohjelmassa ei täten tarvitse erikseen määritellä, minkä tyyppistä tietoa ne kulloinkin sisältävät ohjelman suorituksen aikana. Muuttujan sisällön tyyppi voi myöhemmässä vaiheessa vaihtua, kun siihen tallennetaan uutta tietoa, jonka tyyppi on eri kuin alkuperäinen. Python-ohjelmassa tietotyyppi on kuitenkin tunnettava muuttujaa käytettäessä, sillä erilaisilla tietotyypeillä on erilaiset ominaisuudet sekä metodit.

Muuttumattomat perustietotyypit

Tärkeimmät Python 3 -kielen **perustietotyypit**, joiden arvoa ei asetuksen jälkeen voi muuttaa (engl. *immutable*), ja joita tarvitaan yksinkertaisen ohjelman rakentamiseen, ovat:

- **bool**, joka sisältää totuusarvon **True** tai **False**.
- **float** on yleensä 64-bittinen liukuluku, mutta tarkkuus on tietokoneen käyttöjärjestelmästä riippuvainen.
- **Int**-kokonaisluvulla on rajoittamaton tarkkuus.
- **NoneType**, joka kertoo, ettei oliolla ole arvoa (**None**).
- **Str** on *Unicode*-merkkejä sisältävä merkkijono.
- **complex** voi sisältää kompleksiluvun, mutta sitä käytetään vain harvoin.

Nämä ovat ns. **sisäänrakennettuja tietotyyppejä** (*built-in types*). Kaikki edellä mainitut tyypit ovat myös **muuttumattomia olioita** (*immutable objects*), ja niille on toteutettu valmiita metodeja, joita voi käyttää kyseisten tyyppien kanssa.

Muuttujan määrittely

Pythonissa muuttujat määritetään yhtäsuuruusmerkillä =, jota kutsutaan myös **sijoitusoperaattoriksi** (*assignment operator*). Seuraavassa esimerkissä sijoitetaan kokonaisluku, jonka arvo on kymmenen, muuttujaan a.

```
a = 10
print(a)
```

```
a
10
```

Muuttujan nimeäminen

Muuttujien nimeämisessä Python-kielessä on muutamia sääntöjä:

- Muuttujien nimien tulee alkaa kirjaimella.
- Muuttujien nimet voivat sisältää vain kirjaimia, numeroita ja alaviivoja.
- Muuttujien nimet eivät saa sisältää välilyöntejä tai välimerkkejä.
- Muuttujien nimissä ei voi olla lainausmerkkejä tai sulkuja.

Python-tyyliohjeen (**PEP 8**) mukaan muuttujien nimet kirjoitetaan kaikki pienillä kirjaimilla ja eri sanat erotellaan toisistaan alaviivalla, esim: *ika*, *henkilon_nimi*.

```
LKM = 3
_summa = 5 + 5
print(_summa)
```

```
10
```

Virheellisiä muuttujan nimiä ovat mm. nimet, joissa on välilyönti.

```
uusi arvo = 10
     ^
SyntaxError: invalid syntax
```

```
2arvoa = [1, 2]
  ^
SyntaxError: invalid syntax
```

Tällöin ohjelma ei käänny, vaan antaa **SyntaxError**-virheen ohjelmaa ajattaessa.

Koodin sisentäminen

Python-kielessä koodin sisennys on merkittävässä roolissa. Python käyttää **sisennystä** (välilyöntejä tai tabulaattori rivin alussa) määritelläkseen **koodilohkon** (*code block*). Monet muut ohjelmointikielet käyttävät tavanomaisimmin aaltosulkuja koodilohkojen rajaamiseen.

```
a = 10
if a > 100:
print("a on yli 100") # tulee virheilmoitus
```

Tästä saadaan virheilmoitus: *IndentationError: expected an indented block.*

Oikea oppinen ohjelmakoodin sisennys toteutetaan seuraavasti:

```
if a > 100:
    print("a on yli 100")
```

Merkkijonot

Kaikkein yleisin sisäänrakennettu Python-tietotyyppi on merkkijono (*string*). Merkkijonon tyyppi on **str**, ja se voi sisältää n-kappaletta *Unicode-merkkejä*. Python-kielessä merkkijonot ovat kokoelma kirjaimia, numeroita, symboleja ja välilyöntejä. Python-kielessä merkkijonot voivat olla melkein minkä pituisia tahansa ja ne voivat sisältää välilyöntejä sekä Unicode-merkistökoodeja. Merkkijonot määritetään ns. puolilainausmerkeillä " tai lainausmerkeillä "".

```
kieli = 'Python'
print(kieli)
```

```
 Python
```

```
kieli += ' 3'
print(kieli)
print(type(kieli))
```

```
 Python 3
 <class 'str'>
```

Merkkijonojen määrittely

Numerot ja desimaaliluvut voi myös määritellä merkkijonoiksi. Jos desimaaliluku määritetään ohjelman lähdekoodissa kirjoittamalla se lainausmerkkien sisälle, niin luku tallennetaan merkkijonona, ei liukulukuna. Myös lainausmerkeillä määritetyt kokonaisluvut tallennetaan merkkijonoina. Saman muunnoksen merkkijonoksi voi tehdä myös **str()**-funktiolla.

```
mj_luku = "42.195"
print(type(mj_luku))
mj_luku = str(42.195)
print(type(mj_luku))
```

```
<class 'str'>
<class 'str'>
```

Luku täytyy muuntaa merkkijonoksi ennen liittämistä muihin merkkijonoihin:

```
maraton = "Matka oli " + str(42.195) + " km."
print(maraton)
```

```
Matka oli 42.195 km.
```

Merkkijonona ilmaistun luvun voi muuntaa myös liukuluvuksi **float()**-funktiolla:

```
luku = float(mj_luku)
print(type(luku))
```

```
<class 'float'>
```

Merkkijonon voi kirjoittaa myös useammalle riville sisällyttäen kolme lainausmerkkiä merkkijonon määrittelyn alkuun ja loppuun:

```
mj_monta_rivia = """jatkaa
seuraavalla
riville"""
print(mj_monta_rivia)
```

```
jatkaa
seuraavalla
riville
```

Merkkijonon merkin voi antaa myös Unicode-koodina käyttämällä ohjausmerkkiä **\x** Unicode-merkin heksadesimaaliarvon edessä.

```
skandit = "abc ja \xe5\xe4\xf6"
print(skandit)
```

```
abc ja åäö
```

Merkkijonojen indeksointi

Merkkijonoindeksoinnissa käsitellään merkkejä järjestyksessä. Merkkijonossa indeksointi alkaa nollasta, jolloin merkkijonon ensimmäinen merkki sijaitsee indeksissä nolla. Pythonissa merkkijonot indeksoidaan hakasulkeilla **[ ]**. Jos merkkijonossa on esimerkiksi kymmenen kirjainta, niin viimeisimmän merkin paikka on indeksinumerossa yhdeksän.

Selvitetään merkkijonon pituus **len()**-funktiolla.

```
kieli = 'Python'
print(len(kieli))
```

```
6
```

Merkkijonon ensimmäinen merkki.

```
print(kieli[0])
```

```
P
```

Merkkijonon viimeinen merkki.

```
print(kieli[5])
```

```
n
```

Merkkijonon indeksoinnin voi ylittää, mistä seuraa **IndexError**-virhe.

```
try:
    print(kieli[6])
except Exception as exp:
    print(repr(exp))
```

```
IndexError('string index out of range')
```

Merkkijonon viimeinen merkki saadaan haettua myös **negatiivisella indeksillä**, jolloin indeksointi alkaa lopusta (-1, -2, -3 jne.).

```
print(kieli[-1])
```

```
n
```

Etuna on se, että negatiivinen indeksi toimii luotettavammin, koska se hakee aina merkkijonon viimeisimmän merkin merkkijonon pituudesta riippumatta.

Tulostetaan merkkijonon ensimmäinen merkki käyttäen negatiivista indeksiä.

```
print(kieli[-6])
```

```
P
```

Tulostetaan merkkijonon kolme ensimmäistä merkkiä.

```
print(kieli[0:3])
```

```
Pyt
```

Otetaan merkkijonon kolme viimeistä merkkiä.

```
print(kieli[3:6])
```

```
hon
```

Tulostetaan merkkijonon kolme viimeistä merkkiä kääntäen.

```
print(kieli[-1:-4:-1])
```

```
noh
```

Tulostetaan merkkijonon kolme viimeistä merkkiä kääntäen käyttäen negatiivisia ja positiivisia indeksiarvoja.

```
print(kieli[-1:2:-1])
```

```
noh
```

Käännetään koko merkkijono.

```
print(kieli[::-1])
```

```
nohtyP
```

Merkkijonofunktiot

Merkkijonoja voi käsitellä useilla sisäänrakennetuille **str**-luokan funktioilla. Monipuoliset merkkijonojen käsittelyyn tarkoitetut funktiot ovat yksi Python-kielen keskeisimmistä perusominaisuuksista. Otetaan muutamia esimerkkejä.

Muunnetaan kaikki merkit isoiksi kirjaimiksi.

```
kieli = 'Python 3-kieli'
print(kieli.upper())
```

```
PYTHON 3-KIELI
```

Testataan, sisältääkö merkkijono ainoastaan pieniä kirjaimia sekä muunnetaan merkkijonon kaikki kirjaimet pieneksi kirjaimiksi **lower()**-funktiolla:

```
kieli = 'Python 3-kieli'
print(kieli.islower())
print(kieli.lower())
print(kieli.lower().islower())
```

```
False
python 3-kieli
True
```

Käännetään isot kirjaimet pieniksi kirjaimiksi ja päinvastoin:

```
print(kieli.swapcase())
```

Otetaan vielä hieman laajempi esimerkki, jossa lasketaan pieneksi kirjaimiksi muunnetusta merkkijonosta haettavien merkkien (*a* ja *e*) lukumäärä.

```
input_str = "Anna tänne merkkijono tai merkillinen jono
merkkejä"
counter_a = input_str.lower().count('a')
counter_e = input_str.lower().count('e')

print("a/A kirjaimien lukumäärä: ", counter_a)
print("e/E kirjaimien lukumäärä: ", counter_e)
```

```
a/A kirjaimien lukumäärä:    3
e/E kirjaimien lukumäärä:    6
```

Merkkijonoliteraalit

Merkkijonojen alustusvaiheessa lainausmerkkien sisään voi upottaa puolilainausmerkit, ja se onnistuu myös päinvastoin:

```
print("Minä 'lainasin' kaupasta karkkipussin.")
print('Minä "lainasin" kaupasta karkkipussin.')
```

```
Minä 'lainasin' kaupasta karkkipussin.
Minä "lainasin" kaupasta karkkipussin.
```

Sen sijaan samanarvoisten lainausmerkkien sisällä tulee käyttää **kenoviivaa** (engl. *escape character*) ennen merkkijonoon lisättävää lainausmerkkiä.

```
print('Minä \'lainasin\' kaupasta karkkipussin.')
print("Minä \"lainasin\" kaupasta karkkipussin.")

Minä 'lainasin' kaupasta karkkipussin.
Minä "lainasin" kaupasta karkkipussin.
```

Otetaan muutamia esimerkkejä merkkijonoliteraaleista, joissa kannattaa katsoa tulosteesta, kuinka lainausmerkit on tulkattu.

```
print('O"reilly')
print("O'reilly")
print('''O'reilly''')
print('''Oh'"Really''')

O"reilly
O'reilly
O'reilly
Oh'"Really
```

```
print("tab\ttab\tline\nand new\nline")

tab     tab     line
and new
line
```

```
print(" C:\temp\test.py")
print(" C:\\temp\\test.py")
print(r"Raw: C:\temp\test.py")

C:     emp     est.py
C:\temp\test.py
Raw: C:\temp\test.py
```

Alustetaan merkkijono Unicode-merkeillä.

```
utf_str = 'A\u00c4B\U000000e8C'
print(utf_str)
print(len(utf_str))

AÄBèC
5
```

Huomaa, että merkkijonon pituus lasketaan kuitenkin oikein, vaikka Unicode-merkkien tavumäärä olisi erilainen.

Seuraavassa esimerkissä merkkijono jakaantuu useammalle riville.

```
multiline_str = '''This is a example string with embedded
newlines.
Known as a tripled-quoted string.
    Whitespace are included
so the above line is indented with whitespaces.


'''
print(multiline_str)
```

```
 This is a example string with embedded newlines.
 Known as a tripled-quoted string.
     Whitespace are included
 so the above line is indented with whitespaces.
```

Tulostetaan merkkijonon merkit Unicode-merkistökoodeina sekä käännetään ne takaisin.

```
skandit = "åäö ja ÅÄÖ"
print("Bytes:", skandit.encode('utf-8'))
print(skandit.encode('utf-8').decode('utf-8'))
```

```
 Bytes: b'\xc3\xa5\xc3\xa4\xc3\xb6 ja \xc3\x85\xc3\x84\xc3\x96'
 åäö ja ÅÄÖ
```

Huomaa, että tavuina oleva merkkijono on eripituinen kuin itse merkkijono, koska UTF-8 -merkistökoodauksessa jokainen merkki voi tarvita eri määrän tavuja (1-3 tavua yhteen merkkiin). Tässä tapauksessa tarvitaan kaksi tavua yhden "ääkkösen" merkistökoodaukseen.

```
print(len(skandit))
print(len(skandit.encode('utf-8')))
```

```
 10
 16
```

Esimerkkejä merkkijonojen käsittelystä

Otetaan esimerkkejä merkkijonon indeksoinnista sekä muunnoksista.

```
py_str = "Hello Python Programmers"
```

```
print(py_str[::-1])
print(py_str[24:12:-1])
print(py_str[11:0:-1])
print(py_str.upper()[13:24])
print(py_str.lower()[0:12])
```

```
sremmargorP nohtyP olleH
sremmargorP
nohtyP olle
PROGRAMMERS
hello python
```

Lasketaan merkkijonossa esiintyvien merkkien lukumäärä.

```
print('m', py_str.count('m'))
print('o', py_str.count('o'))
```

```
m 2
o 3
```

str.isalpha()-metodi palauttaa **True**, jos kyseessä on aakkosnumeerinen merkkijono. Aakkosnumeerisiin merkkeihin lasketaan aakkoset sekä numerot, mutta esimerkiksi välilyönti ei ole aakkosnumeerinen.

```
print(py_str[0:5], py_str[0:5].isalpha())
print(py_str[0:7], py_str[0:7].isalpha())
```

```
Hello True
Hello P False
```

Merkkijonosta hakeminen

Merkkijonosta hakemiseen löytyy kaksi perusmetodia:

- **str.find()**-metodi palauttaa merkkijonon ensimmäisen indeksin, josta etsittävä alimerkkijono löytyy merkkijonosta. Se palauttaa -1, jos haettavaa alimerkkijonoa ei löydy. Hakusuunta on vasemmalta oikealle (ts. alusta loppuun).
- **str.index()**-metodi toimii vastaavalla tavalla kuin **find()**. Se aiheuttaa kuitenkin poikkeuksen **ValueError**, jos haettavaa alimerkkijonoa ei löydy.

str.find()-metodi hakee etsittävän merkkijonon (tai merkin) ensimmäisen esiintymän merkkijonosta.

```
py_str = "Hello Python Programmers"
```

```
print(py_str.find('Pyt'))
print(py_str.find('Pr'))
```

```
6
13
```

str.index()-metodi toimii vastaavalla tavalla kuin **find()**.Erona on, että jos haettavaa alimerkkijonoa ei löydy, niin metodi aiheuttaa poikkeuksen.

```
print(py_str.index('Pyt'))
print(py_str.index('Pr'))
```

```
6
13
```

Metodien erot tulevat esille silloin, kun haettavaa alimerkkijonoa ei löydy.

```
print(py_str.find('Not Found'))
print(py_str.index(' Not Found '))
```

```
-1
ValueError: substring not found
```

str.rfind()- tai **str.rindex()**-metodit aloittavat merkkijonosta etsimisen käänteisesti merkkijonon lopusta kulkien alkuun päin.

```
print(py_str.rfind('o'))
print(py_str.rindex('o'))
```

```
15
15
```

str.replace()-metodi korvaa merkkijonon osan toisena parametrina annettavalla merkkijonolla.

```
print(py_str.replace('Python', 'Python with Robot Framework'))
Hello Python with Robot Framework Programmers
```

Formatointi (format)

Merkkijonon tulostusformaatin voi määrittää seuraavilla tavoilla:

- **format()**-metodilla, missä annetaan merkkijono sisälle aaltosulkeet, jotka korvataan **format()**-metodin parametreilla.

- **f-merkkijono** (*f-string*, *formatted string literals*) vastaa **format()**-metodia, jossa aaltosulkeiden sisällä olevat muuttujat tai lausekkeet evaluoidaan ajon aikana ja muotoillaan format()-metodin tapaan.

```
n = 10.12
# print("versio " + n)   # TypeError: can only concatenate str
(not "float") to str
print("versionumero " + str(n))
print("versionumero {}".format(n))
```

```
versionumero 10.12
versionumero 10.12
```

Tyylimuotoilu mahdollistaa kaikkien formatoitavien muuttujien määrittämisen dynaamisesti parametrisoinnin avulla.

Tulostusformaatin voi määritellä seuraavalla syntaksilla:

```
f'{arvo:{leveys}.{tarkkuus}}'
```

- *arvo* on mikä tahansa lauseke.
- *leveys* määrittää näytössä käytettyjen merkkien määrän.
- *tarkkuus* ilmaisee desimaaliosaan käytettyjen merkkien määrän.

```
print("versionumero {:.3f}".format(n))
print("versionumero {:.{precision}f}".format(n, precision=6))
```

```
versionumero 10.120
versionumero 10.120000
```

Formatointi (f-strings)

Formatointiin voi käyttää myös ns. **f-merkkijonoa** (*f-strings*), jonka saa luotua liittämällä merkkijonon eteen *f*-kirjaimen. Itse merkkijonon voi muotoilla samalla syntaksilla kuin **str.format()**-funktiota käyttämällä.

```
print(f"versionumero {n}")
print(f"versionumero {n:.3f}")
```

```
versionumero 10.12
versionumero 10.120
```

```
vers = "Versio"
print(f"{vers:10s} {n:.3f}")
```

23

```
print(f"{vers:10s} {n:.6f}")
```

```
Versio     10.120
Versio     10.120000
```

Formaatin avulla voi lisätä prosenttimerkin sekä desimaalien määrän, jolloin tulos
saadaan suoraan prosentteina.

```
points = 17
total = 21
res = points / total
print('Oikeat vastaukset: {:.2%}'.format(res))
print(f'Oikeat vastaukset: {((points - 2) / total):.2%}')
```

```
Oikeat vastaukset: 80.95%
Oikeat vastaukset: 71.43%
```

"*format specifier*" -formatointimäärityksiä käytetään formatointimerkkijonoon
sisältyvissä korvauskentissä määrittämään, miten yksittäiset arvot esitetään. Ne voi
sellaisenaan antaa **format()**-metodille tai f-merkkijonolle.

Boolean-totuusarvot

Hyvin yleinen sisäänrakennettu Python-tietotyyppi on **totuusarvo** (*Boolean*). Se voi
olla arvoltaan ainoastaan joko **True** tai **False**.

```
onko_tosi = True
print(onko_tosi)
print(type(onko_tosi))
```

```
True
<class 'bool'>
```

False-arvon voi asettaa seuraavasti:

```
onko_tosi = False
print(onko_tosi)
print(type(onko_tosi))
```

```
False
<class 'bool'>
```

Myös luvun voi muuntaa totuusarvoon **bool()**-funktiolla:

```
muunnettu_arvo = bool(10)
```

```
print(muunnettu_arvo, type(muunnettu_arvo))
```

```
True <class 'bool'>
```

Luku nolla (sekä **int**- että **float**-tyyppinen) on Boolean-arvoltaan **False**:

```
muunnettu_arvo = bool(0)
print(muunnettu_arvo, type(muunnettu_arvo))
muunnettu_arvo = bool(0.0)
print(muunnettu_arvo, type(muunnettu_arvo))
```

```
False <class 'bool'>
False <class 'bool'>
```

Myös merkkijonon voi muuntaa totuusarvoon **bool()**-funktiolla:

```
muunnettu_arvo = bool("kymmenen")
print(muunnettu_arvo, type(muunnettu_arvo))
```

```
True <class 'bool'>
```

Tyhjä merkkijono on **Boolean**-arvoltaan **False**, mutta muut merkkijonot evaluoituvat totuusarvoon **True**:

```
muunnettu_arvo = bool("")
print(muunnettu_arvo, type(muunnettu_arvo))
```

```
False <class 'bool'>
```

Muuttujan tunniste

Jokaisella muuttujalla on oma tunniste. Jos muuttujien **id** on eri, niin kyseiset muuttujat viittaavat eri muistipaikkaan.

```
a = 42
b = 100
print(id(a), id(b))
```

```
2809103216208 2809103406544
```

Jos **id** on sama, niin kyseiset muuttujat viittaavat samaan muistipaikkaan.

```
c = a
print(id(a), id(c))
```

```
2809103216208 2809103216208
```

Edellisessä esimerkissä muuttujat olivat samoja. Jos muuttujan *c* arvoa muutetaan, niin muuttajat viittaavat eri muistipaikkaan, koska tällöin niiden välinen kytkös (*c == a*) puretaan.

```
c = 6
print(id(a), id(c))
```

```
2809103216208 2809103215056
```

Toisin kuin joissain muissa ohjelmointikielissä, ohjelmoijan ei tarvitse huolehtia vanhojen olioiden poistamisesta, vaan Python huolehtii tästä "roskienkeräyksen" avulla.

Lisätietoa perustietotyypeistä

Käydään läpi hieman syventävää lisätietoa **int**-, **float**- ja **bool**-perustietotyypeistä.

int-tyyppi

int toteuttaa abstraktin luokan **numbers.Integral**. Tämä luokka tarjoaa metodeja bitti- ja tavutason operaatioihin.

Kokonaisluku bitteinä saadaan **bin()**-funktiolla:

```
luku = 17
print(bin(luku))
```

```
0b10001
```

Kokonaisluvun sisältämien bittien lukumäärän saa selville **bit_length()**-metodilla:

```
print(luku.bit_length())
```

```
5
```

Kokonaisluvun saa muutettua myös tavuiksi **to_bytes()**-metodilla tai vastaavasti tavuista kokonaisluvuksi **from_bytes()**-metodilla:

```
luku=255
print(luku.to_bytes(2, byteorder='big'))
```

```
b'\x00\xff'
```

float-tyyppi

float toteuttaa abstraktin **numbers.Real**-kantaluokan. Se sisältää myös muutamia metodeja. Esimerkkinä **is_integer()**-metodi, jolla voi tarkastaa, onko kyseessä vain kokonaisluvun sisältämä liukuluku:

```
print(42.195.is_integer())
```

```
False
```

```
print(42.0.is_integer())
print(float(42).is_integer())
```

```
True
True
```

bool-tyyppi

Python-kielen lausekkeita tarvitaan yleisimmin ehtolausekkeissa ja toistorakenteista, kuten **if-**, **while-** tai **for**-lausekkeissa.

Kaikki Python-kieliset lausekkeet evaluoituvat **bool**-tyyppiseen totuusarvoon.

```
a = 42
b = 100
print(b > a, type(b > a))
print(b < a, type(b < a))
```

```
True <class 'bool'>
False <class 'bool'>
```

Lausekkeita voi olla myös useampia ja ne voi yhdistää **and-** tai **or**-operaattoreilla.

```
print(a > 0 and a < 100, type(a > 0 and a < 100))
```

```
True <class 'bool'>
```

Sama lauseke Pythonille tyypillisemmällä syntaksilla.

```
print(0 < a < 100, type(0 < a < 100))
```

Kontrollirakenteet

Ohjelmat eivät toimi suorittamalla vain peräkkäisiä lausekkeita, vaan ohjelma rakennetaan niin, että päätökset voi tehdä muuttujien arvojen muutosten perusteella. Tämän vuoksi kaikilla ohjelmointikielillä on joukko kontrollirakenteita (*control structures*). Käsitellään Python-kielen yleisimmät kontrollirakenteet, joita ovat

- **if**
- **while**
- **for**

Ehtolausekkeet

Yleisimmin ehtolausekkeita käytetään **if**-lauseissa erilaisissa silmukoissa.

Python 3 tukee tavallisimpia matematiikan loogisia ehtoja, joita ovat:

- Yhtä kuin: $a == b$
- erisuuri kuin: $a \mathrel{!}= b$
- Pienempi kuin: $a < b$
- Pienempi tai yhtä suuri kuin: $a <= b$
- Suurempi kuin: $a > b$
- Suurempi tai yhtä suuri kuin: $a >= b$

Yksinkertaisin versio ehtolausekkeesta on **if**-lause, joka kirjoitetaan käyttämällä **if**-avainsanaa. Muita vaihtoehtoja ovat:

- **if\else**, jossa on mukana **else**-lause, joka suoritetaan, jos **if**-lause ei toteudu.
- **if\elif\else**, jossa on if-lause sekä yksi tai useampi **elif**-lause ja lopuksi vielä **else**-lause, joka suoritetaan, jos **if**-lause tai yksikään **elif**-lause ei toteudu.

Silmukkarakenteet

Python-kielessä on kaksi sisäänrakennettua silmukkarakennetta:

- **while**-silmukat
- **for**-silmukat

Varsinkin **for**-silmukasta on useita erilaisia vaihtoehtoja. Sekä **while**- että **for**-silmukoissa voi käyttää myös **else**-rakennetta, joka suoritetaan siinä tapauksessa, jos silmukka suoritetaan onnistuneesti loppuun asti.

Koodilohkot

Pythonissa **koodilohko** (*code block*) viittaa sellaiseen kokoelmaan ohjelmakoodissa, joka on samassa lohkossa tai sisennyksessä. Koodilohkoja käytetään yleensä silmukoissa, ehtolauseissa, funktioissa tai luokissa.

Otetaan esimerkkejä koodilohkoista. Seuraavassa esimerkissä **for**-lohko sisältää vain yhden koodirivin, mutta myöhemmin muut samaan lohkoon tulevat koodirivit voi kirjoittaa samalla sisennyksellä **print()**-funktion kanssa.

```
for i in range(3):
    print(i)
```

```
0
1
2
```

Seuraavassa esimerkissä **for**-lohko sisältää **if**-koodilohkon, joka tulostaa tiedot vain silloin, jos kyseessä on pariton luku.

```
for i in range(10):
    if i % 2 == 1:
        print("Pariton luku:", end="\t")
        print(i)
```

```
Pariton luku: 1
Pariton luku: 3
Pariton luku: 5
Pariton luku: 7
Pariton luku: 9
```

Lisätään **for**-silmukan sisälle vielä **else**-osa samaan koodilohkoon:

```
for i in range(10):
    if i % 2 == 1:
        print("Pariton luku:    ", end="\t")
        print(i)
    else:
        print("Parillinen luku:", end="\t")
        print(i)
```

```
Parillinen luku:    0
Pariton luku:       1
Parillinen luku:    2
Pariton luku:       3
```

```
Parillinen luku:      4
Pariton luku:         5
Parillinen luku:      6
Pariton luku:         7
Parillinen luku:      8
Pariton luku:         9
```

Python-kielessä käytetään **neljän välilyönnin sisennystä** korostamaan koodilohkoja.

Vaihtoehtoisesti koodilohkossa voi käyttää vain kahden välilyönnin sisennystä tai sisentää tabulaattoreilla, mutta Python-tyyliopas (PEP 8) suosittelee neljän välilyönnin sisennystä.

Koodilohko voi olla yksi- tai monirivinen. Monirivisessä koodilohkossa kaikki ne rivit, joilla on sama sisennys, kuuluvat samaan koodilohkoon.

Seuraavassa esimerkissä on **def**-avainsanalla on määritetty kaksi funktiota, joista *show_lang()* sisältää **if/elif/else** -koodilohkon tulostaen annetusta parametrista riippuen viestin **print()**-funktiolla.

```python
def show_lang(msg):
    if msg is None:
        print(f"Tervehdyssanaa ei annettu lainkaan")
    elif msg == "hei" or msg == "terve":
        print(f"Tervehdys '{msg}' on suomea")
    elif msg == "hello" or msg == "hi":
        print(f"Tervehdys '{msg}' on englantia")
    else:
        print(f"Mitä kieltä tämä '{msg}' on?")


def main_program():
    show_lang("hello")
    show_lang("terve")
    show_lang("somettaja")
    show_lang(None)
```

Kutsutaan pääohjelmaa ja palautetaan ajojen tulokset.

```python
main_program()
```

```
Tervehdys 'hello' on englantia
Tervehdys 'terve' on suomea
Mitä kieltä tämä 'somettaja' on?
Tervehdyssanaa ei annettu lainkaan
```

30

if-lauseke

Pythonissa if-lauseet voivat sisältää else-lauseita. else-lause on koodin osa, joka suoritetaan, jos edeltävä if-lause on arvoltaan False.

```python
numb = 42
# Pyydetään syöte käyttäjältä input()-funktiolla
# numb_input = input("Anna numero> ")
# numb = int(numb_input)

if numb > 42:
    print(f"{numb} on suurempi kuin 42")

if numb == 42:
    print("Luku on 42")

if numb < 42:
    print(f"{numb} on pienempi kuin 42")
```

```
Luku on 42
```

if/elif-lauseke

Jos if-lause on True, niin tällöin else-lauseen sisältämää koodilohkoa ei suoriteta. elif-lauseita (useimmissa muissa kielessä muoto *else if*) voi lisätä if-lauseen jälkeen suorittamaan erilaisia koodilohkoja riippuen siitä, mikä ehdoista saa arvokseen tosi. Kun joku lauseista saa arvon True, niin koko lauselohkon suoritus päättyy.

```python
numb = 21
if numb > 42:
    print(f"{numb} on suurempi kuin 42")
elif numb == 42:
    print("Luku on 42")
elif 0 <= numb < 42:
    print(f"{numb} on välillä 0 - 42")
else:
    print(f"{numb} on pienempi kuin nolla")
```

```
21 on välillä 0 - 42
```

31

while-silmukka

while-silmukka on silmukan tyyppi, joka toimii, niin kauan kuin looginen ehto on **True**. Kun looginen ehto saa arvon **False**, niin silmukka pysähtyy. Pythonin **while**-silmukan yleinen muoto on:

```
while <looginen_ehto>:
    <koodi_lohkon_rivi_1>
    <koodi_lohkon_rivi_2> ...
```

while-esimerkki

while-avainsanan jälkeen määritetään looginen ehto, joka voi saada Boolean-arvon **True** tai **False**. Jokainen koodirivi, joka suoritetaan **while**-silmukassa, on sisennettävä yhtä montaa välilyöntiä käyttäen.

```
n = 10
summa = 0
i = 1

while i <= n:
    summa += i
    i = i + 1

print("Summa on", summa)
```

```
 Summa on 55
```

while-silmukka voi sisältää **break**-lauseen, jota kutsuttaessa silmukan suoritus pysähtyy.

```
n = 10
summa = 0
i = 1

while i <= n:
    summa += i
    i = i + 1
    if i > 5: # Silmukka lopetetaan, jos i > 5
        break

print("Summa on", summa)
```

```
 Summa on 15
```

while-silmukka voi sisältää myös optionaalisen **else**-lohkon, joka suoritetaan silmukan lopussa silmukan onnistuneen suorittamisen jälkeen. Jos silmukan suoritus katkaistaan **break**-lauseella tai se katkeaa jostakin muusta syystä, niin silloin **else**-lohkoa ei suoriteta lainkaan.

```
n = 10
summa = 0
i = 1

while i <= n:
    summa += i
    i = i + 1
else:
    print("i on", i)

print("Summa on", summa)
```

```
i on 11
Summa on 55
```

for-silmukat

Ohjelmoija voi generoida numeerisia lukujonoja **range()**-funktiota käyttäen. **range()** luo uuden **range**-olion, johon voi määrittää tasavälisen numeerisen lukujonon antaen alkuarvon ja loppuarvon, joka on ainoa pakollinen arvo.

```
range(5)
```

```
range(0, 5)
```

```
type(range(5))
```

```
<class 'range'>
```

range()-funktio voidaan alustaa kolmella eri tavalla:

- **range** (*loppu*) ottaa yhden argumentin. Alkuarvo on tällöin nolla.
- **range** (*alku, loppu*) ottaa kaksi argumenttia. Askel on oletuksena yksi.
- **range** (*alku, loppu, askel*) ottaa kolme argumenttia.

for-silmukalla voi käydä lukujonon läpi yhdellä kertaa ilman indeksejä **range()**-funktion avulla.

```
for numb in range(1, 11):
    print(numb, " ", end="")
```

```
print()
```

1 2 3 4 5 6 7 8 9 10

for-silmukalla voi käydä lukujonon läpi käänteisessä järjestyksessä.

```
for numb in range(10, 0, -1):
    print(numb, " ", end="")
print()
```

10 9 8 7 6 5 4 3 2 1

for-silmukalla voi käydä läpi erilaisia **range**()-funktiolla generoituja numeerisia lukujonoja.

```
for i in range(10, 30, 5):
    print(i)
```

10
15
20
25

for-silmukalla voi käydä myös merkkijonon läpi merkki kerrallaan.

```
mj = "Python"
for ch in mj:
    print(ch, " ", end="")
print()
```

P y t h o n

Merkkijonon voi käydä läpi myös indeksien avulla.

```
for i in range(len(mj)):
    print(f"{i}: {mj[i]}")
```

0: P
1: y
2: t
3: h
4: o
5: n

for-silmukalla voi käydä minkä tahansa listarakenteen läpi.

```
mj = "P,y,t,h,o,n"
for item in mj.split(","):
    print(item, " ", end="")
print()
```

```
P  y  t  h  o  n
```

break-lause

Silmukkarakenteen sisällä **break**-lauseella voi pysäyttää silmukan ennen kuin se on suorittanut kaikki kierrokset läpi.

break-lauseella voi myös katkaista **for**-silmukan suorituksen, kun tietty ehto täyttää silmukan sisällä.

```
mj = "P,y,t,h,o,n"
for item in mj.split(","):
    if item == "h":
        break
    print(item, " ", end="")
print()
```

```
P  y  t
```

continue-lause

continue-lauseella voi silmukan suorituksen aikana hypätä yhden iteraation yli ja jatkaa seuraavasta iteraatiosta. Seuraava esimerkki tulostaa vain parilliset luvut, koska parittoman luvut hypätään yli **continue**-lauseella.

```
for numb in range(1, 11):
    if numb % 2 == 1:
        continue
    print(numb, " ", end="")
print()
```

```
2  4  6  8  10
```

Esimerkki: Kertotaulun laskeminen

Otetaan esimerkiksi kertotaulun laskeminen **for**-silmukalla.

```
str_ul = "12"
upper_limit = int(str_ul)
```

```
for x in range(1, upper_limit + 1):
    for y in range(1, upper_limit + 1):
        res = x * y
        print(f'{res:4d}', end="")
    print()
```

```
   1    2    3    4    5    6    7    8    9   10   11   12
   2    4    6    8   10   12   14   16   18   20   22   24
   3    6    9   12   15   18   21   24   27   30   33   36
   4    8   12   16   20   24   28   32   36   40   44   48
   5   10   15   20   25   30   35   40   45   50   55   60
   6   12   18   24   30   36   42   48   54   60   66   72
   7   14   21   28   35   42   49   56   63   70   77   84
   8   16   24   32   40   48   56   64   72   80   88   96
   9   18   27   36   45   54   63   72   81   90   99  108
  10   20   30   40   50   60   70   80   90  100  110  120
  11   22   33   44   55   66   77   88   99  110  121  132
  12   24   36   48   60   72   84   96  108  120  132  144
```

Toteutetaan edellistä esimerkkiä vastaava kertotaulun laskeminen **while** -silmukalla.

```
x = 1
while x <= upper_limit:
    y = 1
    while y <= upper_limit:
        res = x * y
        print(f'{res:4d}', end="")
        y += 1
    x += 1
    print()
```

Listojen läpikäynti

for-silmukalla voi iteroida listoja.

```
kauppalista = ["kahvi", "maito", "makkara"]
for tuote in kauppalista:
    print(tuote)
```

```
kahvi
maito
makkara
```

Vastaavasti **for**-silmukan toteutus käyttäen taulukon indeksejä.

```
for i in range(len(kauppalista)):
    print(f"{i}:\t{kauppalista[i]}")
```

```
0:          kahvi
1:          maito
2:          makkara
```

for-silmukan loppumisen jälkeen voi suorittaa **for**-silmukkaan liitetyn **else**-lauseen sisältämän koodilohkon:

```
kauppalista = ["kahvi", "maito", "tomaatti", "makkara"]
for tuote in kauppalista:
    print(tuote)
else:
    print(f"Silmukka loppui ja viimeinen tuote oli {tuote}.")
```

```
kahvi
maito
tomaatti
makkara
Silmukka loppui ja viimeinen tuote oli makkara.
```

while-esimerkki: Fibonaccin lukusarja

Toteutetaan seuraavassa esimerkissä *Fibonacci-lukusarjan* laskeminen **while** - silmukalla. *fib()*-funktio palauttaa listan, joka sisältää Fibonacci-lukusarjan lukuun n asti. Lukusarjassa lasketaan yhteen kaksi edellistä lukua, ja näin lasketusta summasta saadaan rekursiivisesti seuraavan luvun arvo. Kaksi ensimmäistä arvoa ovat nolla ja yksi ja seuraavat luvut lasketaan rekursiivisesti kaavalla $f(n) = f(n - 1) + f(n - 2)$.

```
def fib(n):
    result = []
    a, b = 0, 1
    while a < n:
        result.append(a)
        a, b = b, a + b
    return result

print(fib(90))
```

```
[0, 1, 1, 2, 3, 5, 8, 13, 21, 34, 55, 89]
```

Tietorakenteet

Tässä luvussa käsitellään tärkeimmät Python 3 -kielen **tietorakenneluokat**. Näihin tietorakenneluokkiin voi tallentaa useampia arvoja, ja toisin kuin numeroja sisältävät **int** tai **float** tai muut perustietotyypit, niiden sisältämiä arvoja voi muuttaa.

Tietorakenneluokat ovat ns. **muuttuvia olioita** (engl. *mutable objects*), ja niitä tarvitaan kaikkien monimutkaisempien Python-ohjelmien rakentamiseen.

Yleisimmät Python-kielen tietorakenneluokat ovat:

- **list** on lista, jossa alkiot ovat järjestyksessä.
- **tuple** on muuten kuin lista, mutta sen alkioita ei voi alustamiseen jälkeen muuttaa (*immutable object*).
- **dict** on sanakirja (engl. *dictionary*), joka koostuu avain-arvo-pareista.
- **set** on järjestämätön joukko alkioita (voi sisältää eri tyyppejä).

Muita sisäänrakennettuja tietorakenteita, joita ei niin usein käytetä, ovat:

- **frozenset** on järjestämätön joukko alkioita, mutta alkioita ei voi muuttaa alustamisen jälkeen
- **bytearray** on joukko tavuja

list-tietorakenne

Python-kielessä **listoja** (**list**) käytetään useiden alkioiden tallentamiseen yhteen muuttujaan. Listat ovat yksi Python-kielen neljästä sisäänrakennetusta tietotyypistä, joita käytetään useiden alkioiden tallentamiseen.

Käsitellään **list**-rakenteen käyttöä esimerkkien avulla. Listan luonti tapahtuu hakasulkeiden avulla seuraavasti.

```
ikalista = ["Matti", 50, "Pekka", 45]
print(ikalista)
print(type(ikalista))
```

```
['Matti', 50, 'Pekka', 45]
<class 'list'>
```

Listan voi luoda myös **list()**-alustajalla. Tämän jälkeen tyhjään listaan voi lisätä uusia alkioita.

```
ikalista = list()
ikalista.extend(["Matti", 50, "Pekka", 45])
```

```
print(ikalista)
print(type(ikalista))
```

```
['Matti', 50, 'Pekka', 45]
<class 'list'>
```

Listan alkioihin voi viitata **indeksinumerolla**, joka annetaan hakasulkeiden sisällä.

```
ikalista = ["Matti", 50, "Pekka", 45]
print(ikalista[0])
print(ikalista[2])
```

```
Matti
Pekka
```

Listan alkioon viittaaminen onnistuu myös negatiivisella indeksillä:

```
print(ikalista[-1])
```

```
45
```

Listan koon saa selville **len()**-funktiolla.

```
print(len(ikalista))
```

```
4
45
```

Listan läpikäynti kokonaisuudessaan onnistuu helpoiten **for**-silmukalla.

```
for item in ikalista:
    print(item)
```

```
Matti
50
Pekka
45
```

Otetaan esimerkki, jossa lasketaan listan alkioiden summa.

```
numbers = [1, 2, 3, 4, 5]
res = 0
for x in numbers:
    res += x
print(res)
```

15

Seuraavassa esimerkissä listan luonti tehdään **range()**-funktiolla, joka annetaan argumenttina **list()**-alustajalle. Tehdään summan laskemista varten oma funktio *count_sum()*.

```
def count_sum(arr):
    total_sum = 0
    for val in arr:
        total_sum += val
    return total_sum

range_list = list(range(0, 5))
res = count_sum(range_list)
print(res)
```

10

Tehdään lista, jossa on 500 alkiota, joka luodaan **range()**-funktiolla. Listan luontivaiheessa kasvatetaan arvoa 0.01:lla, jolloin luotavan listan arvot ovat välillä [0, ... , 4.99].

```
flist = [x * 0.01 for x in range(0, 500)]
s3 = count_sum(flist)
print(f"Listan {flist[0:3]} ,..., {flist[-3:len(flist)]} summa
on '{s3:.2f}'")
```

```
Listan [0.0, 0.01, 0.02] ,..., [4.97, 4.98, 4.99] summa on '12
47.50'
```

Tulostetaan listan sisällöt **for**-silmukalla formatoidusti **format()**-metodia käyttäen.

```
langs = ['Python', 'Java', 'C#', 'C++', 'JavaScript']
for lang in langs:
    print("lang {}".format(lang))
```

```
lang Python
lang Java
lang C#
lang C++
lang JavaScript
```

Pilkotaan merkkijono listaksi **split()**-metodilla ja tulostetaan pilkkomisen tuloksena saatu lista **for**-silmukalla.

```
lang_word = "Python Java C# C++ JavaScript Rust Scala"
```

40

```
for word in lang_word.split(" "):
    print(word)
```

```
Python
Java
C#
C++
JavaScript
Rust
Scala
```

Listan sijoittaminen

Listan sijoittaminen toiseen muuttujaan aiheuttaa sen, että kaksi listaa viittaa samaan muistipaikkaan. Tällöin molempien listojen sisältö muuttuu, jos toisen sisältö muuttuu. Tämä on hyvin hankala virhe huomata, joten asia täytyy ymmärtää. Otetaan esimerkki tällaisesta tilanteesta, missä muuttuja a ja b ovat täysin samoja ja viittaavat samaan muistipaikkaan.

```
a = [1, 2, 3]
b = a
print(id(a), id(b))
print(a, b)
```

```
2809204103168 2809204103168
[1, 2, 3] [1, 2, 3]
```

Lisätään molempiin listoihin uusi alkio.

```
a.append(4)
b.append(5)
print(id(a), id(b))
print(a, b)
```

```
2809204103168 2809204103168
[1, 2, 3, 4, 5] [1, 2, 3, 4, 5]
```

Liitetään listassa olevat arvoja toisiinsa muuttumalla arvot merkkijonoiksi **str()**-funktiolla. Esimerkissä listassa on hyvin monenlaisia tietotyyppejä, joten ne on muunnettava merkkijonoksi **str()**-funktiolla ennen yhdistämistä.

```
def append_words(*args):
    res = ""
    for x in args:
        res += str(x) + " "
```

```
        return res.rstrip()

words = ["this", "is", "a", "list", 10, None, True, (5 != 5),
6.7]
word_list = append_words(*words)
print(f"'{word_list}', jonka tyyppi on {type(word_list)}.")
```

```
'this is a list 10 None True False 6.7', jonka tyyppi on <clas
s 'str'>.
```

Esimerkki: list-arvojen kuvaaminen

Liitetään listassa olevia arvoja toisiinsa muuttumalla arvot merkkijonoiksi **str()**-metodilla. Listan arvojen muuntamiseen käytetään arvojen kuvaamiseen **map()**-funktiota, joka pitää muuntaa palautuvasta iteratiivisesta rakentajasta **list**-tyyppiseksi.

```
words = ["this", "is", "a", "list", 10, None, True, (5 != 5),
6.7]
words_map = map(lambda x: str(x), words)
words_str_list = list(words_map)
print(f"'{words_str_list}'")
print(f"'{','.join(words_str_list)}'")
```

```
'['this', 'is', 'a', 'list', '10', 'None', 'True', 'False', '6
.7']'
'this,is,a,list,10,None,True,False,6.7'
```

Esimerkki: merkkijono listaksi

Otetaan esimerkkejä, jossa merkkijonosta luodaan lista, jolloin **str**-tyypistä tulee **list**-tyyppi. Merkkijono pilkotaan listaksi **str.split()**-metodilla, joka ottaa parametrina merkin, jonka kohdalta pilkkominen suoritetaan.

```
print("Otetaan esimerkki".split("e"))
```

```
['Ot', 'taan ', 'sim', 'rkki']
```

```
print("Otetaan toinen esimerkki".split(" "))
```

```
['Otetaan', 'toinen', 'esimerkki']
```

```
splitted_list = "1;2;3;name;points;date".split(";")
print(splitted_list, " ja listan pituus on ",
len(splitted_list))
```

```
['1', '2', '3', 'name', 'points', 'date']   ja listan pituus on
6
```

Järjestetään lista ja käännetään järjestetty lista **reverse()**-metodilla.

```
splitted_list = sorted(splitted_list)
splitted_list.reverse()
print(splitted_list)
```

```
['points', 'name', 'date', '3', '2', '1']
```

Listan alkioiden tulostaminen

Tulostetaan listan alkiot indeksien avulla.

```
lang_word = "Python Java C# C++ JavaScript Rust Scala Groovy"
lang_arr = lang_word.split(" ")
for i in range(0, len(lang_arr)):
# tai for i in range(len(lang_arr)):
    print(f"{i}\t => \t{lang_arr[i]}")
```

```
0        =>       Python
1        =>       Java
2        =>       C#
3        =>       C++
4        =>       JavaScript
5        =>       Rust
6        =>       Scala
7        =>       Groovy
```

Tulostetaan listan alkiot indeksien avulla käyttäen iteroituvan rakenteen tuottavaa **enumerate()**-funktiota.

```
for i, word in enumerate(lang_arr):
    print(f"{i}\t => \t{word}")
```

```
0        =>       Python
1        =>       Java
2        =>       C#
3        =>       C++
4        =>       JavaScript
5        =>       Rust
6        =>       Scala
7        =>       Groovy
```

enumerate()-funktiolle voi määrittää myös alkuarvon, jolloin listaa käsitellään tästä arvosta alkaen.

```python
for i, word in enumerate(lang_arr, 1):
    print(f"{i}\t => \t{word}")
```

```
1          =>       Python
2          =>       Java
3          =>       C#
4          =>       C++
5          =>       JavaScript
6          =>       Rust
7          =>       Scala
8          =>       Groovy
```

2D-listan voi luoda myös seuraavalla tavalla.

```python
lang_2d = [[i, lang_arr[i]] for i in range(len(lang_arr))]
print(lang_2d)
```

```
[[0, 'Python'], [1, 'Java'], [2, 'C#'], [3, 'C++'], [4, 'JavaS
cript'], [5, 'Rust'], [6, 'Scala'], [7, 'Groovy']]
```

zip-olio

zip()-olio luo **iteraattorin**, joka yhdistää elementit kahdesta tai useammasta iteroituvasta tietorakenteesta yhdeksi **tuple**-rakenteeksi. Tuloksena saadaan **zip**-olio, joka tallentaa iteroitavien rakenteiden arvot yhteen **tuple**-rakenteeseen.

zip()-olion syntaksi:

```python
zip(iterable1, iterable2, ...)
```

zip()-olioon voi sijoittaa niin monta iteroituvaa tietorakennetta kuin halutaan ja niiden tyyppi voi olla **list**, **tuple**, **set** tai joku muu iteroituva rakenne.

```python
for val in zip(range(len(lang_arr)), lang_arr):
    print(f"{val[0]}\t => \t{val[1]}")
```

```
0          =>       Python
1          =>       Java
2          =>       C#
3          =>       C++
4          =>       JavaScript
5          =>       Rust
```

```
6        =>      Scala
7        =>      Groovy
```

Toinen **zip()**-esimerkki, jossa listan arvot järjestetään nousevasti ja laskevasti.

```
sorted_langs = []
for row in zip(range(len(lang_arr)), lang_arr,
               sorted(lang_arr), reversed(sorted(lang_arr))):
    sorted_langs.append(row)
print(sorted_langs)
```

```
[(0, 'Python', 'C#', 'Scala'),
 (1, 'Java', 'C++', 'Rust'),
 (2, 'C#', 'Groovy', 'Python'),
 (3, 'C++', 'Java', 'JavaScript'),
 (4, 'JavaScript', 'JavaScript', 'Java'),
 (5, 'Rust', 'Python', 'Groovy'),
 (6, 'Scala', 'Rust', 'C++'),
 (7, 'Groovy', 'Scala', 'C#')]
```

dict-sanakirja

Assosiatiivinen taulukko eli Pythonissa **dict**-sanakirja on erittäin käyttökelpoinen "hakurakenne", jossa arvoa voi hakea siihen liitetyn avaimen avulla samaan tapaan kuin aikanaan puhelinluettelosta.

Otetaan esimerkki, kuinka alustetaan **avain-arvo** -pareja sisältämä **dict**-sanakirja. Alustaminen tapahtuu käyttämällä kaarisulkeita, joiden sisällä jokainen hakurakenteen arvo määritetään *avain:arvo* -syntaksilla erottaen jokainen luotava sanakirjan alkio toisistaan pilkulla.

```
grades = {'bill': 4, 'jill': 1, 'jim': 3, 'mary': 3}
print(type(grades))
```

```
<class 'dict'>
```

dict-sanakirjan läpikäyntiin on seuraavat metodit:

- **values()**-metodi, jolla käydään läpi kaikki sanakirjan arvot
- **keys()**-metodi, jolla käydään läpi kaikki sanakirjan avaimet
- **items()**-metodi, jolla käydään läpi (avain, arvo) -parit

45

Sanakirjan iterointi

Arvojen iterointi onnistuu **values()**-metodilla.

```
for value in grades.values():
    print(value)
```

```
4
1
3
3
```

Avainten iterointi onnistuu **keys()**-metodilla.

```
for key in grades.keys():
    print(key)
```

```
bill
jill
jim
mary
```

Avainten iterointi sekä arvon hakeminen avaimen perusteella.

```
for key in grades.keys():
    print(key, '\t', grades[key])
```

```
bill    4
jill    1
jim     3
mary    3
```

items()-metodilla voi iteroida samalla kertaa sekä avaimet että arvot yhden silmukan sisällä.

```
for key, value in grades.items():
    print(key, '\t', value)
```

```
bill    4
jill    1
jim     3
mary    3
```

Sanakirja on järjestämätön tietorakenne, joten sitä ei voi järjestää. Siitä voi kuitenkin tarvittaessa luoda järjestetyn tietorakenteen, kuten **list**- tai **tuple**-rakenteen.

Sanakirjan järjestäminen

Otetaan esimerkki, jossa sanakirja järjestetään avainten perusteella nousevasti. Tähän käytetään metodia **operator.itemgetter**, jolla määritetään, minkä avaimen mukaan järjestäminen suoritetaan.

```
import operator

sorted_grades = sorted(grades.items(),
key=operator.itemgetter(0))
print(type(sorted_grades))
print(sorted_grades)
```

```
<class 'list'>
[('bill', 4), ('jill', 1), ('jim', 3), ('mary', 3)]
```

Järjestetään arvojen perusteella laskevasti, jolloin suurin numero on ensin.

```
sorted_grades = tuple(sorted(grades.items(),
key=operator.itemgetter(1), reverse=True))
print(type(sorted_grades))
print(sorted_grades)
```

```
<class 'tuple'>
(('bill', 4), ('jim', 3), ('mary', 3), ('jill', 1))
```

Haku sanakirjasta

Tutkitaan, kuinka sanakirjasta voi hakea tietoa suoraan avaimella.

```
grades = {'bill': 4, 'jill': 1, 'jim': 3, 'mary': 3}
print(grades)

print(grades['bill'])
```

```
{'bill': 4, 'jill': 1, 'jim': 3, 'mary': 3}
4
```

Ongelmaksi muodostuu, jos haetaan tietty arvo avaimen perusteella, mutta kyseistä avainta ei löydetä, niin saadaan poikkeus **KeyError**.

```
print(grades['kim'])
# KeyError: 'kim'
```

Ongelman voi korjata helposti. Jos avainta ei löydetä ja arvon hakemiseen käytetään **get()**-metodia, niin vastauksena saadaan poikkeuksen sijaan arvo **None**.

```
print(grades.get('kim'))
```

```
None
```

Sanakirjaan lisääminen

Sanakirja on muokattava tietorakanne, joten luonnin jälkeen sinne pystyy lisäämään uusia arvoja. Otetaan esimerkiksi avain-arvo -parien lisääminen sanakirjaan.

```
def add_to_dict(name, grade, grades):
    grades[name] = grade
    return grades


all_grades = {}
add_to_dict('bill', 4, all_grades)
add_to_dict('jill', 1, all_grades)
add_to_dict('jim', 3, all_grades)
add_to_dict('mary', 3, all_grades)
print(all_grades)
```

```
{'bill': 4, 'jill': 1, 'jim': 3, 'mary': 3}
```

Sanakirjaan lisääminen onnistuu toki edelleen myös suoraan.

```
all_grades['kim'] = 5
print(all_grades)
```

```
{'bill': 4, 'jill': 1, 'jim': 3, 'mary': 3, 'kim': 5}
```

tuple-tietorakenne

Tuple on **list**-rakenteen kaltainen tietorakenne, jossa samaan tietorakenteeseen voi tallentaa järjestyksessä useampia arvoja. **tuple**-rakenteen tärkeimmät ominaisuudet:

- **tuple** on kokoelma, joka on järjestetty ja muuttumaton.
- **tuple** määritetään suluilla tai **tuple()**-funktiolla.
- **tuple**-rakenne voi sisältää duplikaattiarvoja, joita **set** ei hyväksy.

```
langs_tuple = ('Python', 'Java', 'C#', 'C++', 'JavaScript')
print(type(langs_tuple))
```

```
print(type(langs_tuple[0][-1]))
print(langs_tuple)
```

```
<class 'tuple'>
<class 'str'>
('Python', 'Java', 'C#', 'C++', 'JavaScript')
```

Pilkotaan merkkijono ja luodaan uusi **tuple** antamalla lista **tuple**()-funktiolle. Huomaa, että **tuple**-rakennetta ei voi luoda suoraan **for**-silmukassa, koska kerran luotua **tuple**-rakennetta ei voi muuttaa.

```
lang_word = "Python Java C# C++ JavaScript PHP Rust Scala
Groovy"
word_list = []
for word in lang_word.split(" "):
    word_list.append(word)
word_tuple = tuple(word_list)
print(type(word_tuple))
print(word_tuple)
```

```
<class 'tuple'>
('Python', 'Java', 'C#', 'C++', 'JavaScript', 'PHP', 'Rust', '
Scala', 'Groovy')
```

tuple-rakenteen yksi merkittävä etu on, että se vie vähemmän muistia kuin samat tiedot sisältävä **list**-rakenne.

```
print(f'Listan koko {word_list.__sizeof__()} vs. tuplen koko
{word_tuple.__sizeof__()}.')
```

```
Listan koko 168 vs. tuplen koko 96.
```

tuple vs. list

Käydään esimerkein läpi **list**- ja **tuple**-rakenteen eroja tietorakenteina.

```
my_list = list(range(1, 11))
my_tuple = tuple(range(1, 11))
```

Tulostetaan tietorakenteiden sisältämän datan koko tavuina **__sizeof__**()-metodia käyttäen.

```
print(f'my_list={my_list} with size {my_list.__sizeof__()}
{type(my_list)}')
```

```
print(f'my_tuple={my_tuple} with size {my_tuple.__sizeof__()}
{type(my_tuple)}')
```

```
my_list=[1, 2, 3, 4, 5, 6, 7, 8, 9, 10] with size 120 <class '
list'>
my_tuple=(1, 2, 3, 4, 5, 6, 7, 8, 9, 10) with size 104 <class
'tuple'>
```

tuple-rakennetta ei voi luonnin jälkeen muokata, mutta listaa voi. Listassa olevan arvon voi poistaa, mutta **tuple**-rakenteesta ei poistaminen onnistu. Listaan voi myös lisätä uuden arvon, mutta **tuple**-rakenteeseen ei voi luonnin jälkeen lisätä arvoa.

```
my_list[9] = 11
my_list.remove(1)
my_list.remove(3)
try:
    my_list.remove(0)
except ValueError as exp:
    print(f"Error: {exp}")
```

```
Error: list.remove(x): x not in list
```

```
print(f'my_list=...{my_list}, koko on {my_list.__sizeof__()}
{type(my_list)} {id(my_list)} ')
```

```
my_list=...[2, 4, 5, 6, 7, 8, 9, 11], koko on 120 <class 'list
'> 2809204463232
```

Listan voi kopioida **tuple**-rakenteeseen. Huomaa, että **tuple** kuluttaa vähemmän muistia kuin lista, vaikka niiden sisältämät alkiot olisivat sekä arvoltaan että tyypiltään täsmälleen samat.

```
my_tuple2 = tuple(my_list)
print(f'my_tuple={my_tuple2}, koko on {my_tuple2.__sizeof__()}
{type(my_tuple2)} {id(my_tuple2)}')
```

```
my_tuple=(2, 4, 5, 6, 7, 8, 9, 11), koko on 88 <class 'tuple'>
2809185990352
```

Tuple-rakenteeseen ei voi lisätä uutta arvoa, vaan tästä aiheutuu poikkeus (**TypeError**).

```
try:
    my_tuple[9] = 11
except TypeError as exp:
    print(f"Error: {exp}")
```

```
Error: 'tuple' object does not support item assignment
```

tuple-rakenteesta ei voi myöskään poistaa siellä olevaa arvoa (**AttributeError**).

```
try:
    my_tuple.remove(3)
except AttributeError as exp:
    print(f"Error: {exp}")
```

```
Error: 'tuple' object has no attribute 'remove'
```

Sen sijaan **tuple**-rakenteeseen voi lisätä uuden arvon tai toisen tuplen, mutta tällöin luodaan aina kokonaan uusi **tuple**-rakenne. Todellisuudessa arvoa ei lisätä **tuple**-rakenteeseen, vaan luodaan kokonaan uusi rakenne, jolloin myös olion **id**-arvo muuttuu.

```
print(id(my_tuple))
my_tuple += (20,)
print(id(my_tuple))
```

```
2809186977984
2809186044096
```

set-tietorakenne

set-rakenne on **järjestämätöntä joukkoa** kuvaava tietorakenne. **set**-rakenteeseen tallentuu jokaista arvoa vain yksi kappale, joten kaikki joukossa olevat arvot ovat uniikkeja.

Seuraavassa esimerkissä **list**-listan arvot sijoitetaan **set**-rakenteeseen, jolloin kaikki duplikaattiarvot poistetaan luontivaiheessa. Tästä ei tule mitään virhettä tai ilmoitusta, vaan kaikki tapahtuu luonnin aikana.

```
lista = [5, 2, 3, 4, 5, 4, 3, 2, 1, 'luku']
print(lista)
print(set(lista))
```

```
[5, 2, 3, 4, 5, 4, 3, 2, 1, 'luku']
{1, 2, 3, 4, 5, 'luku'}
```

Otetaan esimerkki **set**-rakenteen hyödyntämisestä. Seuraavassa esimerkissä tallennetaan pieneksi muutetut kirjaimet merkkijonosta **set**-tietorakenteeseen, jolloin siellä on sisältönä kaikki yksittäiset merkit, joita merkkijono sisälsi.

```
input_str = "ai että kun Python ohjelmointi sitten on
mielenkiintoinen laji. Voi kun vaan osaisi enemmän."
lower_str = input_str.lower()
all_letters = set(lower_str)
print(all_letters)
```

```
{'h', 'n', 'k', '.', 'v', 'l', 'a', 'j', 't', 'i', 'o', 'y', '
s', 'u', 'ä', 'p', 'e', ' ', 'm'}
```

set-rakenteessa olevat alkiot eivät ole järjestyksessä eikä niitä voi järjestää. Tämän
takia ennen **sorted()**-metodin käyttöä **set** muutetaan listaksi, jolloin sen voi järjestää.

```
for letter in sorted(list(all_letters)):
    print(f"'{letter}': {lower_str.count(letter)}")
```

```
' ': 13
'.': 2
'a': 5
'e': 8
'h': 2
'i': 12
'j': 2
'k': 3
'l': 3
'm': 4
'n': 13
'o': 7
'p': 1
's': 3
't': 7
'u': 2
'v': 2
'y': 1
'ä': 2
```

Jos yritetään käyttää **sort**()-metodia suoraan **set**-rakenteeseen, niin saadaan
AttributeError-poikkeus.

```
all_letters.sort()
```

```
AttributeError: 'set' object has no attribute 'sort'
```

set-joukkojen väliset operaatiot

Käydään läpi muutamia **set**-joukkojen välisiä operaatioita käyttäen kahta **set**-joukkoa.

```
set1 = set(range(1, 7))
set2 = set(range(4, 9))
print(f'set1={set1} ja set2={set2}')
```

```
set1={1, 2, 3, 4, 5, 6} ja set2={4, 5, 6, 7, 8}
```

Joukkojen yhdistelmä (**union()**), eli kaikki uniikit arvot molemmista joukoista.

```
union_set = set1.union(set2)
print(f'Yhdistelmä={union_set}')
```

```
Yhdistelmä={1, 2, 3, 4, 5, 6, 7, 8}
```

Joukkojen leikkaus (**intersection()**), eli ne arvot, jotka molemmissa joukoissa ovat samoja.

```
set_int = set1.intersection(set2)
print(f'Leikkaus={set_int}')
```

```
Leikkaus={4, 5, 6}
```

Joukkojen ero (**difference()**), eli ne arvot, jotka ensimmäisessä joukossa ovat eriarvoiset kuin toisessa joukossa.

```
set1_diff = set1.difference(set2)
print(f'set1 ero set2={set1_diff}')
set2_diff = set2.difference(set1)
print(f'set2 ero set1={set2_diff}')
```

```
set1 ero set2={1, 2, 3}
set2 ero set1={8, 7}
```

Vastaavasti **issubset()**-metodilla voi tarkastaa, onko argumenttina annettu joukko toisen joukon osajoukko vai ei.

```
set3 = set(range(1, 4))
if set3.issubset(set1):
    print(f'{set3} on joukon {set1} alijoukko')
if not (set3.issubset(set2)):
    print(f'{set3} ei ole joukon {set2} alijoukko')
```

```
{1, 2, 3} on joukon {1, 2, 3, 4, 5, 6} alijoukko
{1, 2, 3} ei ole joukon {4, 5, 6, 7, 8} alijoukko
```

set-esimerkkejä

Haetaan seuraavan merkkijonona annetun lauseen kaikki merkit listaan.

```
sentence = "iterating over the 54 characters or words with
python"
all_letters = list(sentence)
print(f"Letters to list: {all_letters}")
```

```
 Letters to list: ['i', 't', 'e', 'r', 'a', 't', 'i', 'n', 'g',
 ' ', 'o', 'v', 'e', 'r', ' ', 't', 'h', 'e', ' ', '5', '4', '
 ', 'c', 'h', 'a', 'r', 'a', 'c', 't', 'e', 'r', 's', ' ', 'o',
 'r', ' ', 'w', 'o', 'r', 'd', 's', ' ', 'w', 'i', 't', 'h', '
 ', 'p', 'y', 't', 'h', 'o', 'n']
```

Pilkotaan lause merkeiksi.

```
def split_sentence(w):
    return [ch for ch in w]

print(f"Split to list: {split_sentence(sentence)}")
```

```
 Split to list: ['i', 't', 'e', 'r', 'a', 't', 'i', 'n', 'g', '
 ', 'o', 'v', 'e', 'r', ' ', 't', 'h', 'e', ' ', '5', '4', ' ',
 'c', 'h', 'a', 'r', 'a', 'c', 't', 'e', 'r', 's', ' ', 'o', 'r
 ', ' ', 'w', 'o', 'r', 'd', 's', ' ', 'w', 'i', 't', 'h', ' ',
 'p', 'y', 't', 'h', 'o', 'n']
```

Kun merkkijono annetaan argumenttina **set()**-funktiolle, niin luotava joukko sisältää nyt vain lauseen uniikit merkit.

```
letters = set(sentence)
print(f"Letters in sentence: {letters}")
```

```
 Letters in sentence: {'c', 'h', 'r', 'n', 'g', 'v', '4', 'a',
 't', 'i', 'o', 'y', 's', 'p', 'e', '5', ' ', 'd', 'w'}
```

Tulostetaan joukon aakkosnumeerisesti järjestetyt merkit ja merkin vastaava heksadesimaaliarvo (**hex()**) sekä binääriarvo (**bin()**).

```
print(f"Ind\t => \tLtr\thex_code")
for i, letter in enumerate(sorted(letters)):
    print(f"{i}\t => \t{letter} \t {hex(ord(letter))} \t
{bin(ord(letter))}")
```

54

```
Ind     =>      Ltr     hex_code
0       =>              0x20    0b100000
1       =>      4       0x34    0b110100
2       =>      5       0x35    0b110101
3       =>      a       0x61    0b1100001
4       =>      c       0x63    0b1100011
5       =>      d       0x64    0b1100100
6       =>      e       0x65    0b1100101
7       =>      g       0x67    0b1100111
8       =>      h       0x68    0b1101000
9       =>      i       0x69    0b1101001
10      =>      n       0x6e    0b1101110
11      =>      o       0x6f    0b1101111
12      =>      p       0x70    0b1110000
13      =>      r       0x72    0b1110010
14      =>      s       0x73    0b1110011
15      =>      t       0x74    0b1110100
16      =>      v       0x76    0b1110110
17      =>      w       0x77    0b1110111
18      =>      y       0x79    0b1111001
```

Generaattorit

Generaattorit (*Generator*) ovat iteraattoreiden alityyppejä, joita voi käyttää omien iteraattoreiden luontiin **generaattorifunktioiden** (*generator function*) avulla.

Python-kielessä generaattorien luonti tapahtuu generaattorifunktioiden avulla, joissa luontia kontrolloidaan **yield**-lausekkeella, jolla on mm. seuraavia ominaisuuksia:

- **yield**-lausekkeita käytetään vain generaattorifunktioissa, ja erityisesti vain niiden rungossa ja ne vastaavat tavallisten funktioiden **return**-lausekkeita.
- **yield**-lauseketta käytetään arvon palauttamiseen.
- **yield**-lauseke palauttaa arvon ja pysäyttää generaattorin suorittamisen, joka jatkuu samasta tilasta uuden kutsun jälkeen, jos iteroitavia arvoja on jäljellä.

Generaattoreita käyttämällä koodi voi tehokkaasti tuottaa sarjan arvoja yksi kerrallaan, sen sijaan, että se laskisi ne yhdellä kertaa ja palauttaisi takaisin listana.

Määritetään generaattorifunktio, jolla voi kääntää sille annetun merkkijonon.

```python
def reverse_str(word):
    for i in range(len(word) - 1, -1, -1):
        yield word[i]
```

Generaattorifunktion kutsuminen:

```
for ch in reverse_str("Hello Python"):
    print(ch)
```

```
n
o
h
t
y
P

o
l
l
e
H
```

Määritetään *pow_two_three*-generaattorifunktio, joka generoi **tuple**-olion, jossa luvun arvo on korotettu sekä potenssiin kaksi että potenssiin kolme.

```
def pow_two_three(nlist):
    for n in range(0, len(nlist)):
        yield nlist[n] ** 2, nlist[n] ** 3


for res in pow_two_three([1, 2, 3, 4, 5, 1e2]):
    print(type(res))
    print(res)
```

```
<class 'tuple'>
(1, 1)
<class 'tuple'>
(4, 8)
<class 'tuple'>
(9, 27)
<class 'tuple'>
(16, 64)
<class 'tuple'>
(25, 125)
<class 'tuple'>
(10000.0, 1000000.0)
```

Generointilauseke

Generaattoreita voi toteuttaa myös **generointilausekkeina** (*generator expression*). Tällöin generaattorifunktio suljetaan sulkujen sisään eikä **yield**-lausetta tarvita.

Seuraavassa esimerkissä generoidaan **generointilausekkeen** avulla kymmenen satunnaista liukulukua.

```python
from random import seed
from random import random

seed(1)

generator = (random() for num in range(10))
for num in generator:
    print(num)
```

```
0.13436424411240122
0.8474337369372327
0.763774618976614
0.2550690257394217
0.49543508709194095
0.4494910647887381
0.651592972722763
0.7887233511355132
0.0938595867742349
0.02834747652200631
```

Kokoelman järjestäminen

Kokoelman järjestäminen kannattaa tehdä käyttäen valmiita järjestelymetodeja, joita ovat:

- **sort()**, jolla voi järjestää kokoelman, mutta muuttaen samalla alkuperäisen kokoelman alkioiden järjestystä.
- **sorted()**, jolla voi järjestää kokoelman palauttaen kokonaan uuden tuloksen, mutta alkuperäisen kokoelman järjestystä ei muuteta.

Käyttötarkoitus määrittää sen, kumpaa metodia kannattaa käyttää. Useimmiten kuitenkin **sorted()** on käyttökelpoisempi, koska se säilyttää kokoelman alkuperäisen järjestyksen.

Otetaan esimerkkejä kokoelman järjestämisestä käyttäen **tuple**-tietorakenteessa olevia arvoja. Luodaan **tuple**-arvoja, jotka sijoitetaan *persons*-muuttujaan.

```
person1 = ("Bill", 1979)
person2 = ("Jill", 1995)
person3 = ("Jim", 1963)
person4 = ("Mary", 1987)
persons = (person1, person2, person3, person4)
print(persons)
```

```
(('Bill', 1979), ('Jill', 1995), ('Jim', 1963), ('Mary', 1987)
)
```

Järjestetään **tuple**, joka sisältää **tuple**-arvoja (*nimi, syntymävuosi*), syntymävuoden mukaan nousevasti.

```
persons_by_age = sorted(persons, key=lambda p: p[1],
reverse=False)
print(persons_by_age)
```

```
[('Jim', 1963), ('Bill', 1979), ('Mary', 1987), ('Jill', 1995)
]
```

Järjestetään **tuple** nimen mukaan laskevaan järjestykseen.

```
persons_by_name = sorted(persons, key=lambda p: p[0],
reverse=True)
print(persons_by_name)
```

```
[('Mary', 1987), ('Jim', 1963), ('Jill', 1995), ('Bill', 1979)
]
```

58

Funktiot

Kuten jo aiemmissa esimerkeissä on nähty, niin ohjelman voi jakaa pienempiin osiin, **funktioihin**. Funktio suorittaa tavallisesti jonkin yksittäisen tehtävän. Jos halutaan käyttää määritettyä funktiota, sitä pitää kutsua, jonka voi tehdä pääohjelmasta tai toisen funktion sisältä.

Pythonissa funktio määritellään **def**-avainsanalla.

```
def oma_funktio():
    print("Heippa funktio!")
```

Edellä määriteltyä funktiota kutsutaan seuraavasti:

```
oma_funktio()
```

```
 Heippa funktio!
```

Yleensä funktio palauttaa suorituksen lopuksi tuloksen **return**-lauseella. Seuraavassa funktiossa on kaksi **parametria**, jotka ovat voimassa vain funktion toteutuksessa.

```
def calc_sum(a, b):
    return a + b
```

Edellä määriteltyä summan laskevaa *calc_sum()*-funktiota, jonne annetaan kutsuttaessa argumentit, kutsutaan seuraavasti:

```
print(calc_sum(10, 20))
print(calc_sum(100, 200))
```

```
 30
 300
```

Funktion sisällä voi määritellä myös **paikallisia muuttujia** (*local variable*), jotka ovat voimassa vain funktion sisällä sen suorituksen ajan. Sekä funktion parametrit että funktion sisällä esitellyt muuttujat ovat oletusarvoisesti paikallisia.

Seuraavassa lisätään *calc_sum()*-funktioon sen sisältämien parametrien *a* ja *b* lisäksi paikallinen muuttuja *my_sum*.

```
def calc_sum(a, b):
    my_sum = a + b
    return my_sum
```

Huomaa, että sekä termiä **parametri** (*parameter*) että **argumentti** (*argument*) voi käyttää funktioon välitettävälle tiedolle, kuten tässä kirjassa jatkossa tehdäänkin.

lambda-funktio

Pythonissa **lambda-funktio** (*lambda function*) on pieni **anonyymi funktio**, joka voi sisältää vain yhden lausekkeen. Sen voi määritellä **lambda**-avainsanaa käyttäen seuraavasti:

```
lambda argumentit : lauseke
```

lambda-lauseke soveltuu hyvin yksirivisten funktioiden määrittelyyn.

```
plus_five = lambda x: x + 5

print(plus_five(10))
print(plus_five(plus_five((plus_five(10)))))
```

```
15
25
```

```
calc_sum_lambda = lambda x, y: x + y

print(calc_sum_lambda(10, 20))
print(calc_sum_lambda(100, 200))
```

```
30
300
```

Lambda-funktioiden liiallista käyttöä kannattaa välttää, koska se voi tehdä koodista hankalaa lukea ja testata.

```
def combine_names_func(first, last):
    return first.title() + " " + last.title()
```

Toteutetaan yllä oleva tavanomainen funktio myös yksirivisenä lambda-funktiona.

```
combine_names = lambda first, last: first.title() + " " +
last.title()

print(combine_names_func("Pekko", "Aikapoika"))
print(combine_names("Pekko", "Aikapoika"))
```

```
Pekko Aikapoika
Pekko Aikapoika
```

Funktion dynaamiset argumentit

Funktiolle voi antaa rajoittamaton määrän argumentteja dynaamisesti. Tällöin käytetään funktion parametrin määrittelyssä *nimi -tyyppiä, joka tulkataan **tuple**-rakenteeksi funktion sisällä, kun tähti jätetään pois. Tällöin funktion kutsuvaiheessa voi välittää rajattoman määrän argumentteja. Python-funktiossa *args -syntaksia käytetään välittämään funktiolle muuttuva määrä argumentteja. Sitä käytetään ei-avainsanamuotoisen, muuttuvan pituisen argumenttilistan välittämiseen.

```python
def calc_unlimited_sum(*numbs):
    my_sum = 0
    print(f"type of args {type(numbs)}")
    for n in numbs:
        my_sum += n
    return my_sum
```

Nyt argumentteja voi antaa suluissa niin monta kuin haluaa.

```python
res_ul = calc_unlimited_sum(10, 20, 30, 45, 100, 16, .221)
print(f"Sum is {res_ul}")
```

```
type of args <class 'tuple'>
Sum is 221.221
```

Argumentit voi määritellä myös **tuple**-rakenteena, joka annetaan syöteargumenttina funktiolla.

```python
numb_tuple = (10, 20, 30, 45, 100, 16, .221)
res_ul2 = calc_unlimited_sum(*numb_tuple)
print(f"Sum is {res_ul2}")
```

```
type of args <class 'tuple'>
Sum is 221.221
```

Funktion oletusargumentit

Oletusargumentteja (*default arguments*) voi käyttää funktion määrittelyssä. Syntaksina on tällöin *argumentin_nimi=oletusarvo*.

```python
def print_person(first_name="Robot", last_name='Tester',
profession='test engineer'):
    print(f"{last_name}, {first_name} \t is a {profession}")
```

```
def get_person(first_name="Robot", last_name='Tester',
profession='test engineer'):
    return f"{last_name:12s}, {first_name:12s}:
{profession:12s}"
print_person("Pekko", "Lumberjack", "forester")
print_person("Unto", "Bricklayer", "bricklayer")
```

```
Lumberjack, Pekko      is a forester
Bricklayer, Unto       is a bricklayer
```

Kutsuminen onnistuu myös antamalla argumenttien nimet, jolloin myös niiden järjestystä voi muuttaa.

```
print_person(first_name="Unto", last_name="Bricklayer",
profession="bricklayer")
print_person(profession="bricklayer", first_name="Unto",
last_name="Bricklayer")
```

```
Bricklayer, Unto       is a bricklayer
Bricklayer, Unto       is a bricklayer
```

Oletusargumenttien käytön takia voi kutsusta jättää haluamansa argumentin pois.

```
print_person("Pekka", "Lumberjack")
```

```
Lumberjack, Pekka      is a test engineer
```

```
print_person(profession="forester", first_name="Pekka")
```

```
Tester, Pekka    is a forester
```

Kaikki argumentit voi jättää pois, jos funktiossa on käytetty oletusargumentteja kaikkien yksittäisten argumentin kohdalla.

```
print_person()
```

```
Tester, Robot    is a test engineer
```

Tulostetaan funktiosta palautetun henkilön tiedot merkkijonona.

```
print(get_person("Pekko", "Lumberjack", "forester"))
print(get_person("Unto", "Bricklayer", "bricklayer"))
```

```
Lumberjack  , Pekko       : forester
Bricklayer  , Unto        : bricklayer
```

Esimerkki: listan käsittelyfunktioita

Määritetään funktioita, jotka käsittelevät listan alkioita.

Funktio *print_all()* tulostaa kaikki listan alkiot, mutta ei palauta mitään.

```python
def print_all(item_list):
    for idx, item in enumerate(item_list):
        print(f"{idx}, {type(item)}: {item}")
```

Funktio *print_numbers()* tulostaa vain ne listan alkiot, jotka ovat numeerisia tyyppejä.

```python
def print_numbers(item_list):
    for idx, item in enumerate(item_list):
        if isinstance(item, (int, float)):
            print(f"{idx}, {type(item)}: {item}")
```

Suoritetaan edellä toteutetut funktiot. Huomaa, että sellaista funktiota, joka ei palauta mitään arvoa, kutsutaan usein ohjelmointiterminologiassa **aliohjelmaksi**.

```python
items = ["one", "two", "three", 1, 2, 3, 1.1, 2.2, 3.3, None]
print_all(items)
```

```
0, <class 'str'>: one
1, <class 'str'>: two
2, <class 'str'>: three
3, <class 'int'>: 1
4, <class 'int'>: 2
5, <class 'int'>: 3
6, <class 'float'>: 1.1
7, <class 'float'>: 2.2
8, <class 'float'>: 3.3
9, <class 'NoneType'>: None
```

Seuraavalla funktiolla tulostetaan vain listassa olevat numerot.

```python
print_numbers(items)
```

```
3, <class 'int'>: 1
4, <class 'int'>: 2
5, <class 'int'>: 3
6, <class 'float'>: 1.1
7, <class 'float'>: 2.2
8, <class 'float'>: 3.3
```

Esimerkki: tuplen käsittelyfunktioita

Määritetään kaksi funktiota, jotka käsittelevät **tuple**-rakenteessa olevia alkioita. Funktiolla *count_average()* lasketaan kokoelmassa olevien lukujen keskiarvo. Muut kuin luvut jätetään laskennassa huomioimatta.

```python
def count_average(item_list):
    my_sum = counter = 0
    for idx, item in enumerate(item_list):
        if isinstance(item, (int, float)):
            my_sum = item
            counter += 1
    return my_sum / counter
```

Funktiolla *pipe_to_string()* muutetaan tuple-rakenteen sisältö merkkijonoksi siten, että kaikki tuplen sisältämät tietotyypit muutetaan merkkijonoiksi **str()**-funktiolla ennen muunnosta.

```python
def pipe_to_string(item_list):
    my_str = ""
    for idx, item in enumerate(item_list):
        my_str += str(item) + ","
    return my_str[:-1]
```

Suoritetaan toteutetut funktiot. Ensin muutetaan **tuple**-rakenteen sisältö merkkijonoksi kutsumalla *pipe_to_string()*-funktiota.

```python
items = ("one", "two", "three", 1, 2, 3, 1.1, 2.2, 3.3, None)
print(pipe_to_string(items))
```

```
 one,two,three,1,2,3,1.1,2.2,3.3,None
```

Lasketaan **tuple**-rakenteessa olevien lukujen keskiarvo kutsumalla *count_average()*-funktiota.

```python
avg = count_average(items)
print("Keskiarvo: {}, ja kahdella desimaalilla
{:.2f}".format(avg, avg))
```

```
 Keskiarvo: 0.5499999999999999, ja kahdella desimaalilla 0.55
```

Avainsanamuotoiset argumentit funktiossa

Funktiolle voi antaa rajoittamaton määrä **avainsanamuotoisia argumentteja** (*keyword arguments*) dynaamisesti. Tällöin käytetään funktion argumentin määrittelyssä ***kwargs* -tyyppiä, joka tulkataan **dict**-rakenteeksi funktion sisällä, kun tähdet jätetään pois. Tällöin argumentteja voi välittää rajattoman määrän nimi-arvo -parein. **kwargs*-syntaksia käytetään välittämään funktiolle muuttuva määrä avainsanamuotoisia argumentteja. Sitä käytetään avainsanamuotoisen, muuttuvan pituisen argumenttilistan välittämiseen.

Funktion sisällä *kwargs* on **dict**-sanakirja, joka sisältää avain-arvo -pareja. Tästä syystä, kun argumentteja iteroidaan, mitään ennalta määritettyä tulostusjärjestystä ei niillä ole.

```
def concat_items(**kwargs):
    res = ""
    for k, v in kwargs.items():
        res += k + ":\t" + str(v) + "\n"
    return res


def concat_vals(**kwargs):
    res = ""
    for val in kwargs.values():
        res += str(val) + ","
    return res[:-1]
```

Nyt avain-arvo -pareina asetettavia argumentteja voi antaa funktiota kutsuttaessa niin monta kuin haluaa.

```
kw1 = concat_vals(first_name="Teppo", last_name='Testaaja',
profession='Testausinsinööri', gender='mies', age=31)
print(kw1)
```

```
Teppo,Testaaja,Testausinsinööri,mies,31
```

Funktiokutsuun voi välittää myös **dict**-tietorakenteen, johon lisätään kaksi tähteä eteen kutsuvaiheessa.

```
pr2 = {
    'first_name': "Kiia",
    'last_name': "Koodaaja",
    'profession': "Ohjelmistokehittäjä",
    'gender': "nainen",
    'age': 35,
    'salary': 3000
}

kw2 = concat_vals(**pr2)
print(kw2)
```

```
Kiia,Koodaaja,Ohjelmistokehittäjä,nainen,35,3000
```

```
print(concat_items(**pr2))
```

```
first_name:    Kiia
last_name:     Koodaaja
profession:    Ohjelmistokehittäjä
gender:        nainen
age:   35
salary:        3000
```

Esimerkki: ostosjono simulaatio

Seuraavan esimerkin simulaatiolla kuvataan kaupan ostosjonoa, jossa asiakas tulee jonon loppuun ja poistuu jonosta maksettuaan ostokset. Alussa asiakkaat lisätään jonoon ja käsitellään ne. Jonosta poistetaan aina ensimmäinen asiakas kassalla käynnin jälkeen. Tämän jälkeen tulee uudet asiakkaat, jotka lisätään jonoon ja käytyään kassalla, nekin poistuvat jonosta järjestyksessä. Toisin sanoen jonoon tullaan aina loppuun ja sieltä poistutaan vain jonon alusta.

```python
def shopping_queue_simulation(clients, new_clients):
    queue = []

    # asiakkaiden lisääminen jonoon
    while len(clients) > 0:
        queue.insert(0, clients.pop())

    print("Simulaatio alkaa.\nAsiakkaat ovat jonossa: ", queue)
    while queue:
        print("Palvellaan kassalla asiakasta ", queue.pop(0))

    # uusien asiakkaiden käsittely
    while len(new_clients) > 0:
        queue.insert(0, new_clients.pop())
    print("Uudet asiakkaat ovat jonossa: ", queue)
    while queue:
        print("Palvellaan kassalla asiakasta ", queue.pop(0))

    print("Jono on nyt tyhjä")
```

Lisätään kaksi erillistä listaa (*clients* ja *clients2*), joissa on asiakkaita, ja annetaan ne argumentteina shopping_queue_*simulation()*-funktiolle.

```python
def main():
    clients = [('Pekka', 56.60), ('Matti', 70.35),
```

```
                    ("Juhani", 90.65)]
    clients2 = [('Kaarina', 63.45), ('Anna', 43.60),
                    ("Aino", 69.40)]
    shopping_queue_simulation(clients, clients2)


if __name__ == '__main__':
    main()
```

```
Simulaatio alkaa.
Asiakkaat ovat jonossa:  [('Pekka', 56.6), ('Matti', 70.35), (
'Juhani', 90.65)]
Palvellaan kassalla asiakasta  ('Pekka', 56.6)
Palvellaan kassalla asiakasta  ('Matti', 70.35)
Palvellaan kassalla asiakasta  ('Juhani', 90.65)
Uudet asiakkaat ovat jonossa:  [('Kaarina', 63.45), ('Anna', 4
3.6), ('Aino', 69.4)]
Palvellaan kassalla asiakasta  ('Kaarina', 63.45)
Palvellaan kassalla asiakasta  ('Anna', 43.6)
Palvellaan kassalla asiakasta  ('Aino', 69.4)
Jono on nyt tyhjä
```

Esimerkki: map ja lambda

lambda-funktioiden liiallista käyttöä kannattaa välttää, koska se voi tehdä koodista hankalaa lukea ja testata. Tehdään esimerkki, jossa listassa olevista alkioista lasketaan jakojäännös jaettaessa luvulla viisi. **map()**-funktiota käytettäessä pitää ensimmäisen argumentin olla funktio, jonka voi toteuttaa lambda-lausekkeella.

```
def divide_items(numbers):
    return list(map(lambda n: n // 5, numbers))
print(divide_items([1, 12, 20, 34, 52]))
```

```
[0, 2, 4, 6, 10]
```

lambda-funktion voi tallentaa myös erilliseen muuttujaan, joka hieman selkeyttää **map()**-funktiokutsua.

```
def divide_items(numbers):
    div_5 = lambda n: n // 5
    return list(map(div_5, numbers))
print(divide_items([1, 12, 20, 34, 52]))
```

```
[0, 2, 4, 6, 10]
```

67

Olio-ohjelmointi

Olio-ohjelmointi (engl. *Object-Oriented Programming*) on yleisin ohjelmointiparadigma, jossa kaikkia tietoa ja toimintoja ei käsitellä erillisinä kokonaisuuksina, vaan samaan asiaan liittyvät tiedot ja toiminnot voi liittää yhdeksi **olioksi** (engl. *object*). Näillä olioilla on tietoja, joita ne tallentavat sisäisesti (ns. tilatiedot), sekä toimintoja, joilla olion sisäisiä tietoja voi käsitellä.

Olio-ohjelmoinnin keskeisin käsite on **luokka** (engl. *class*). Se määrittelee olion, ja erityisesti sen sisältämät sisäiset tiedot ja toiminnot, joita se voi suorittaa. Kun luokka on määritelty, siitä voi luoda **luokan ilmentymän** (*instance of class*), jota kutsutaan olioksi.

Otetaan esimerkki luokasta. Ohjelmassa voi olla esimerkiksi *Koira*-niminen luokka, joka määrittää, kuinka *Koira*-olio luodaan. Tätä suunnitelmaa voi käyttää luomaan useita luokan esiintymiä, jotka edustuvat eri koiria. Luokan esiintymät voi olla täysin itsenäisiä tai ne voivat olla vuorovaikutuksessa keskenään. Usein esimerkiksi tehdään ns. oliokokoelma, jolloin *Koira*-luokan tapauksessa voi tehdä *Koirapuisto*-luokan, jossa koirat toimivat keskenään vuorovaikutuksessa. Usein oliokokoelman toteutus on *lista*- tai *sanakirja* -tyyppinen kokoelmarakenne, jolloin esimerkiksi haku oliokokoelmasta ja olioiden järjestäminen onnistuu helposti.

Metodit ja ominaisuudet

Luokassa voi olla mikä tahansa määrä metodeja ja ominaisuuksia.

- **Metodi** (engl. *method*) on toiminto, joka mahdollistaa sen, että olio suorittaa tiettyjä toimintoja.
- **Ominaisuus** (engl. *attribute*) on tieto, joka on tallennettu olioon.

Saman luokan eri ilmentymillä on pääsy täsmälleen samoihin ominaisuuksiin ja metodeihin. Ominaisuuksiin tallennetut tiedot ovat aina yksilöllisiä ja siten oliokohtaisia. Ominaisuuksien tiedot voi asettaa luokan alustuksen yhteydessä tai metodeilla, jotka muokkaavat olion tietoja eli sen sisäistä tilaa.

Esimerkiksi *Koira*-luokalla voi olla kaksi ominaisuutta *nimi* ja *nopeus*. Nimi määritetään yleensä olion alustusvaiheessa, mutta *nopeus* muuttuu ajan myötä. Esim. *juokse()*-metodi voi asettaa uuden *nopeus*-ominaisuuden arvon ja *nuku()*-metodi voi asettaa *nopeus*-ominaisuuden arvon nollaksi.

Olio-ohjelmointi vs. funktionaalinen ohjelmointi

Funktionaalinen ohjelmointi (engl. *functional programming*) on ohjelmointiparadigma, joka käsittelee laskentaa matemaattisten funktioiden evaluoinnin avulla. Se myös välttää tilanmuutoksia sekä datan muuttamista funktioiden suorituksen aikana. Funktionaalinen ohjelmointi on nk. deklaratiivinen ohjelmointitapa, jossa ohjelmointi tapahtuu lausekkeiden tai ilmoitusten avulla lauseiden sijasta.

Funktionaalisessa ohjelmointiparadigmassa funktion antaman tuloksen täytyy riippua vain syöteargumenteista, joten funktion kutsuminen samoilla argumenteilla tuottaa aina saman tuloksen. Tämä on toisin kuin proseduraalisessa tai olio-ohjelmoinnissa, jossa funktion argumenttien lisäksi globaali ohjelman tila voi vaikuttaa funktion (tai metodin) antamaan tulokseen.

Funktionaalinen ohjelmointi pyrkii poistamaan **sivuvaikutukset** (*side effects*). Sivuvaikutuksia ovat toisin sanoen kaikki sellaiset tilanmuutokset, jotka eivät riipu funktion argumenteista. Sivuvaikutusten poistaminen helpottaa ohjelman ymmärtämistä, mikä on yksi keskeisimpiä tavoitteita funktionaalisen ohjelmoinnin kehittämiselle. Funktionaalisen ohjelmoinnin pohja on jo 1930-luvulla kehitetyssä lambda-laskennassa (*lambda calculus*). lambda-laskennan teorian ymmärtäminen ei ole välttämätöntä funktionaalisen ohjelmointitavan käyttämiseksi.

Olio-ohjelmoinnissa oliot ovat pieniä, kapseloituja kokonaisuuksia, joilla on sisäinen tila sekä metodeja, joilla sisäistä tilaa voi muokata. Ohjelmat koostuvat tilanmuokkausten tekemisestä oikeaan aikaan.

Funktionaalinen ohjelmointi (*functional programming*) taas välttää tilanmuutoksia ja siirtää tietoa funktioiden välillä. Pythonissa voi yhdistää nämä paradigmat kirjoittamalla funktioita, jotka ottavat ja palauttavat paikallisia olioita mutteivat muokkaa globaalia tilaa.

Funktionaalisen ohjelmoinnin tukemiseksi ohjelmointikielessä on hyödyllistä, jos ohjelmointikielen funktiolla on kaksi keskeistä ominaisuutta, jotka myös Python-kielessä ovat:

- Voi ottaa toisen funktion argumenttina.
- Voi palauttaa toisen funktion kutsuvalla ohjelmalle.

Python-kielessä funktiot ovat **ensimmäisen luokan kansalaisia** (*first-class citizens*). Tämä tarkoittaa, että funktioilla on kaikki samat ominaisuudet kuin muillakin muuttujilla, kuten merkkijonoilla tai numeroilla. Funktioita voi sijoittaa muuttujiin ja välittää parametreina toisille funktioille ns. **korkeamman asteen funktioilla** (engl. *higher-order functions*).

Erityisiä syitä, miksi funktionaalinen ohjelmointitapa on koko ajan lisääntymässä ohjelmointiteollisuudessa, ovat mm. seuraavat:

- pilvipalvelut (tilattomat funktiokutsut, lambdat yleistyneet)
- ohjelmistojen testattavuus helpompaa funktioilla, jos ohjelma tila ei muutu

- funktiokirjastot mahdollistavat ohjelmien koostamisen olemassa olevia funktioita käyttäen
- pienen funktion kirjoittaminen pakottaa jakamaan ohjelman osiin, jotka tekevät vain yhden asian kerralla
- pienten funktioiden avulla virheiden löytäminen helpottaa
- funktioiden suorittaminen rinnakkain mahdollista, koska ohjelman globaali tila ei muutu

Jos Python-ohjelmoija siirtyy olioparadigmasta kohti funktionaalista ohjelmointityyliä, niin usein mielessä on kysymys, että kuinka funktionaalista ohjelmointia voi hyödyntää jo olemassa olevan koodin kanssa. Usein funktionaalisuutta kannattaa lisätä asteittain, jolloin esimerkiksi erilaiset yleiset toiminnot (kuten suodattaminen, järjestäminen tai hakeminen) voi kirjoittaa uudestaan funktionaalisella tavalla.

Hybrikieli

Käytännössä Python-ohjelmoijan ei tarvitse valita näiden johtavien ohjelmointiparadigmojen väliltä, vaan hän voi käyttää sujuvasti molempia tapoja. Tämä johtuu siitä, että Python on **hybridikieli**, joka toteuttaa sekä olioparadigman että funktionaalisen ohjelmointiparadigman.

Muita hybridikieliä ovat mm. seuraavat:

- Java
- C#
- C++
- JavaScript
- Ruby
- Perl
- Kotlin
- Swift
- TypeScript

Tämä lista todistaa, että suurin osa käytetyimmistä ohjelmointikielistä tukee hyvin olioita ja funktioita, joten riittää opetella ns. parhaat käytänteet, jotka ovat tiettyyn ohjelmointikieleen sidonnaisia.

Oliot

Pythonissa kaikki arvot, joihin tieto on tallennettu, ovat olioita. Jokainen muuttujan arvo on vain **viittaus** (*referenssi*) olioon. Kun alustetaan muuttuja *i = 10*, muuttuja *i* viittaa olioon, jonka tyyppi on **int**, jonka sisältö on arvo 10. Tällöin ovat myös käytössä kaikki **int**-luokan metodit.

int-olion kautta voi kutsua **int**-luokkaa liitettyjä metodeja:

```
i = 10
print(i.__sizeof__())   # 24 tavua
print(i.__class__)
```

```
28
<class 'int'>
```

float-oliolta metodien kutsuminen onnistuu samaan tapaan.

```
f = 10.11
print(f.__sizeof__())   # 28 tavua
print(f.__class__)
```

```
24
<class 'float'>
```

Object-kantaluokka

Python-kielessä on ns. **kantaluokka** (*base class*). Python3:ssa kaikki luokat implisiittisesti periytyvät sisäänrakennetusta **object**-kantaluokasta. Se tarjoaa metodeja, kuten **_init_**, **_str_** ja **_new_**, jotka peritty luokka voi ylikirjoittaa.

Olion voi luoda, mutta siihen ei voi dynaamisesti kiinnittää ominaisuuksia tai metodeja luonnin jälkeen.

```
olio = object()
print(olio.__sizeof__())
print(olio.__class__)
```

```
16
<class 'object'>
```

```
try:
    olio.nimi = "Testiolio"
except AttributeError as err:
    print(err)
```

```
'object' object has no attribute 'nimi'
```

Tulostetaan kaikki mahdolliset ominaisuudet suoraan **object**-kantaluokasta. Saat selville olion kaikki ominaisuudet **dir()**-funktiolla:

```
print(dir(olio))
```

71

```
['__class__', '__delattr__', '__dir__', '__doc__', '__eq__', '
__format__', '__ge__', '__getattribute__', '__gt__', '__hash__
', '__init__', '__init_subclass__', '__le__', '__lt__', '__ne_
_', '__new__', '__reduce__', '__reduce_ex__', '__repr__', '__s
etattr__', '__sizeof__', '__str__', '__subclasshook__']
```

```
print(type(olio))
print(repr(olio))
print(olio)
```

```
<class 'object'>
<object object at 0x0000028E10790BE0>
<object object at 0x0000028E10790BE0>
```

Huomaa, että nämä ominaisuudet ja metodit ovat yhteisiä kaikille Python-luokille.

Määritetään oma luokka *OwnClass*, joka automaattisesti periytyy **object**-kantaluokasta.

```
class OwnClass:
    pass
```

Luokan tyypin saa nyt selville seuraavilla tavoilla.

```
ow = OwnClass()
print(type(ow))
print(ow.__class__)
print(ow.__sizeof__())
```

```
<class '__main__.OwnClass'>
<class '__main__.OwnClass'>
32
```

Tulostetaan kaikki mahdolliset *ow*-olion, jonka tyyppi on *OwnClass*, ominaisuudet.

```
print(dir(ow))
```

```
['__class__', '__delattr__', '__dict__', '__dir__', '__doc__',
'__eq__', '__format__', '__ge__', '__getattribute__', '__gt__'
, '__hash__', '__init__', '__init_subclass__', '__le__', '__lt
__', '__module__', '__ne__', '__new__', '__reduce__', '__reduc
e_ex__', '__repr__', '__setattr__', '__sizeof__', '__str__', '
__subclasshook__', '__weakref__']
```

Luokan toteutus

Luokassa määritellään siihen liittyvät muuttujat, joita kutsutaan **ominaisuuksiksi** (*object attributes*). Olio on aina luokan itsenäinen esiintymä (*instance of class*). Olio sisältää vain omat arvot muuttujissaan, joten yhteen olioon tehdyt muutokset eivät vaikuta muihin luokasta muodostettuihin olioihin.

Lyhin tapa määrittää luokka on kirjoittaa **class Luokannimi** sekä antaa ainoana ominaisuutena **pass**, joka on ns. **null**-operaattori. Kun **pass** suoritetaan, niin mitään ei tapahdu, muttei tule myöskään suoritusvirhettä. **pass**-operaattorilla voi määrittää esim. funktion tai luokan ilman toteutusta. Syntaksi on kuitenkin oikein ja ohjelma kääntyy, vaikka toiminnallisuutta ei ole.

Määritetään kaksi luokkaa:

- *FirstClass*, jossa ei ole metodeja.
- *SecondClass*, joka periytyy luokasta *FirstClass*, mutta myöskään siinä ei ole omia metodeja.

```
class FirstClass:
    pass


class SecondClass(FirstClass):
    pass
```

Molemmista luokista voidaan luoda oliot. Kaikkien luokkien oletusmetodeja, jotka periytyvät **object**-kantaluokasta, kuten **_str_()** tai **_repr_()** voi käyttää.

```
my_first_class = FirstClass()
my_second_class = SecondClass()
print(my_first_class)
print(my_second_class)
```

```
<__main__.FirstClass object at 0x0000028E11A59FD0>
<__main__.SecondClass object at 0x0000028E11A63580>
```

object-kantaluokasta periytyvien oletusmetodin (**_sizeof_()** tai **_class_()**) kutsuminen onnistuu myös.

```
print(my_first_class.__sizeof__())
print(my_first_class.__class__)
print(my_second_class.__sizeof__())
print(my_second_class.__class__)
```

```
32
<class '__main__.FirstClass'>
32
<class '__main__.SecondClass'>
```

Luokan metodien toteutus

Toteutetaan *MyPython*-luokka, jossa on kolme metodia. Jokaiselle luokkaan
sidottavalle metodille välitetään ensimmäisenä argumenttina **self**.
Ensimmäinen *MyPython*-luokan metodi, on tavallinen ilmentymämetodi. Se on
tyypillisin metodityyppi, joka ottaa yhden parametrin, **self**, joka osoittaa *MyPython*-
olioon (tai luokan ilmentymään) sitä kutsuttaessa. Tavallaan metodi on muuten kuin
funktio, mutta se vain kytketään tiettyyn luokkaan. Metodit voivat ottaa useamman
kuin yhden parametrin, mutta **self** pitää joka tapauksessa olla ensimmäinen parametri
metodin toteutuksessa.

self-argumentin kautta metodit voivat käyttää saman olion muita ominaisuuksia ja
metodeja.

```python
class MyPython:
    def show(self):
        print("I'm a MyPython class")

    def todo(self):
        print("TODO something")

    def show_version(self):
        pass
```

Luodaan olio ja kutsutaan luokan metodeja olioviittauksen kautta.

```python
my_python = MyPython()
my_python.show()
my_python.todo()
```

```
I'm a MyPython class
TODO something
```

Huomaa, että metodin kutsuminen onnistuu myös "funktiomaisesti" luokan nimen
kautta:

```python
MyPython.todo(my_python)
```

```
TODO something
```

Varsinaisesti metodin toiminnassa ei ole mitään eroa, vaikka kutsutavat ovat syntaksiltaan hyvin erilaiset.

Luokan ominaisuudet

Ominaisuus (engl. *attribute*) on tieto, joka liittyy olioon. Kaikki ominaisuudet määritetään luokan sisällä ja niillä on tyyppi sekä varsinainen tieto.

Esimerkiksi *MyPython*-luokalla voi olla ominaisuudet *versio* ja *kayttojarjestelma*. Ne määritetään yleensä olion alustusvaiheessa, mutta luokassa voi olla muuttuvia ominaisuuksia, jotka muuttuvat olion elinkaaren aikana. *vaihda_kayttojarjestelma()*-metodi asettaa uuden *kayttojarjestelmä*-ominaisuuden arvon. Huomaa, että jokaiselle luokkaan sidottavalle ominaisuudelle välitetään ensimmäisenä argumenttina **self**.

```python
class MyPython:
    def __init__(self):
        self.versio = "3.9"
        self.kayttojarjestelma = "Linux"

    def vaihda_kayttojarjestelma(self, kayttojarjestelma):
        self.kayttojarjestelma = kayttojarjestelma

    def nayta_tiedot(self):
        print(f"Python-versio {self.versio}
käyttöjärjestelmässä {self.kayttojarjestelma}.")
```

Luodaan ja tulostetaan olio sekä vaihdetaan *kayttojarjestelma*-ominaisuuden arvoa.

```python
mypy = MyPython()
mypy.nayta_tiedot()
mypy.vaihda_kayttojarjestelma("Windows")
mypy.nayta_tiedot()
```

```
Python-versio 3.9 käyttöjärjestelmässä Linux.
Python-versio 3.9 käyttöjärjestelmässä Windows.
```

Olion tämänhetkiset ominaisuudet saa myös selville **__dict__**-ominaisuuden avulla.

```python
print(mypy.__dict__)
```

```
{'versio': '3.9', 'kayttojarjestelma': 'Windows'}
```

```python
print(dir(mypy))
```

```
['__class__', '__delattr__', '__dict__', '__dir__', '__doc__',
'__eq__', '__format__', '__ge__', '__getattribute__', '__gt__'
, '__hash__', '__init__', '__init_subclass__', '__le__', '__lt
__', '__module__', '__ne__', '__new__', '__reduce__', '__reduc
e_ex__', '__repr__', '__setattr__', '__sizeof__', '__str__', '
__subclasshook__', '__weakref__', 'kayttojarjestelma', 'nayta_
tiedot', 'vaihda_kayttojarjestelma', 'versio']
```

Python 3 -kielessä ominaisuudet ovat oletusarvoisesti julkisia eli niitä voi muuttaa suoraan olion nimen kautta. Tämä poikkeaa monista muista ohjelmointikielestä, mutta ominaisuuksia voi kuitenkin nykyään myös suojata, mistä kerrotaan myöhemmin.

```
mypy.versio = "3.10.5"
mypy.kayttojarjestelma = "MacOS"
mypy.nayta_tiedot()
```

```
Python-versio 3.10.5 käyttöjärjestelmässä MacOS.
```

Muuttuvat oliot

Muuttuvat oliot (*mutable objects*) ovat olioita, jotka voivat tallentaa datakokoelman. Esimerkiksi **list** ja **dict** ovat esimerkkejä muuttuvista oliotyypeistä, kuten yleisesti ottaen kaikki luokat, jotka ohjelmoija itse toteuttaa.

Huomaa, että ohjelmoijan itse tekemät luokat ovat muuttuvia. Pythonilla ei ole yksityisiä ominaisuuksia (*private attributes*), joten olion arvoa voi aina muuttaa luokan sisäisten ominaisuuksien arvoja päivittämällä.

```
mypy = MyPython()
mypy.nayta_tiedot()
mypy.vaihda_kayttojarjestelma("Windows")
mypy.nayta_tiedot()
```

```
Python-versio 3.9 käyttöjärjestelmässä Linux.
Python-versio 3.9 käyttöjärjestelmässä Windows.
```

Python 3 -kielessä ominaisuudet ovat oletusarvoisesti julkisia eli niitä voi muuttaa suoraan olion nimen kautta. Tämä poikkeaa monista muista ohjelmointikielestä, mutta ominaisuuksia voi kuitenkin nykyään myös suojata, mistä kerrotaan myöhemmin.

```
mypy1 = MyPython()
mypy1.versio = "11"
mypy1.vaihda_kayttojarjestelma("Windows")

mypy2 = mypy1
```

```
mypy2.versio = "3.10"
mypy2.vaihda_kayttojarjestelma("MacOs")

mypy1.nayta_tiedot()
mypy2.nayta_tiedot()
```

```
Python-versio 3.10 käyttöjärjestelmässä MacOs.
Python-versio 3.10 käyttöjärjestelmässä MacOs.
```

Huomaa, että *mypy1* ja *mypy2* ovat samoja olioita, ja muuttamalla toista niistä, muuttuu samalla myös toisen muuttujan sisältö. Tämä on hyvin yleinen looginen virhe ohjelmakoodissa, minkä vuoksi asia tulee ymmärtää hyvin.

id()-funktion avulla voi tulostaa tiedon siitä, että mihin muistipaikkaan oliot viittaavat.

```
print(f"mypy1: {id(mypy1)} vs. mypy2: {id(mypy2)} vs. uusi
{id(MyPython())}")
```

```
mypy1: 2809204798656 vs. mypy2: 2809204798656 vs. uusi 2809204
799232
```

Konstruktori

Olion ominaisuuksien alustamiseen käytetään **konstruktoria** (engl. *constructor*), joka alustaa arvot, kun luokasta luodaan uusi olio. Python-luokassa konstruktori määritetään **__init__()**-metodina ja se kannattaa kirjoittaa luokan alkuun. Huomaa, että luokassa voi olla useita konstruktoreita, joilla kaikilla tulee olla eri argumentit.
Lisäksi **object**-luokassa on ns. oletuskonstruktori, joten periaatteessa konstruktori on aina olemassa, mutta se ei vaan varsinaisesti tee mitään. Konstruktorin ensimmäinen argumentti on aina **self**, joten se on sidottu luokasta luotavaan olioon. Myös luokan sisällä viitataan luokan ilmentymään eli olioon **self**-ominaisuudella, joten esimerkiksi seuraavassa luokan ominaisuuteen version voi viitata syntaksilla *self.version*.

```
class MyPython:

    def __init__(self, version):
        self.version = version

    def show_version(self):
        print(f"Version is {self.version}.")

    def set_version(self, version):
        self.version = version
        print("Setting new version")
```

Alustetaan oliot konstruktorilla ja muutetaan versiota jälkeenpäin *set_version()*-metodilla.

```
my_python = MyPython("3.8")
my_python.show_version()
my_python.set_version("3.8.16")
my_python.show_version()

my_python2 = MyPython("3.10")
my_python2.show_version()
print(my_python2)
```

```
Version is 3.8.
Setting new version
Version is 3.8.16.
Version is 3.10.
<__main__.MyPython object at 0x0000028E11A6E460>
```

object-luokan metodit

Kuten jo aiemmin nähtiin, niin **object**-kantaluokka toteuttaa joitakin oletusmetodeja, jotka ovat yhteisiä kaikille luokille. Näistä tärkeimmät ovat:

- **_class_** - luokan nimi
- **_init_** - konstruktori, jota kutsutaan olion luontivaiheessa
- **_dict_** - luokan nimiavaruus
- **_doc_** - luokan dokumentaatio
- **_module_** - luokan moduuli ("_main_", jos mitään moduulia ei määritetty)
- **_hash_** - olio hash-arvona
- **_sizeof_** - olion koko muistissa
- **_repr_** - olio merkkijonomuodossa ohjelmaa varten
- **_str_** - olio merkkijonomuodossa tulostusta varten
- **_getattribute_** - hakee ominaisuuden arvon
- **_hasattr_** - palauttaa, onko ominaisuus määritetty
- **_setattr_** - asettaa uuden arvon ominaisuudelle
- **_delattr_** - poistaa olion ominaisuuden

Staattiset metodit

Luokka voi sisältää luokkakohtaisia metodeja, joita voi kutsua joko luokan tai olion kautta. Niitä kutsutaan **staattisiksi metodeiksi**. Erona tavalliseen metodiin (**ilmentymämetodiin**) on se, ettei luokan sisäisiä ominaisuuksia voi käyttää ja **self**-

argumenttia ei luonnollisesti välitetä staattisen luokkametodin kutsun yhteydessä. Sen lisäksi kutsutaan aina samaa metodia jokaisesta luokasta luodusta oliosta.

```
class MyPython:
    def __init__(self, version):
        self.version = version

    @staticmethod
    def show():
        print("I'm a MyPython class")
        # self.version   # NameError: name 'self' is not defined
```

Luodaan olio ja kutsutaan staattista metodia, jota voi kutsua myös pelkällä luokan nimellä:

```
my_python = MyPython("3.8")
my_python.show()

MyPython.show()
```

```
I'm a MyPython class
I'm a MyPython class
```

Olio merkkijonoksi

Luokkaan voi kirjoittaa _str_()-metodin, joka palauttaa olion sen hetkisen tilan (ts. ominaisuuksien arvot) merkkijonona. Metodia kutsutaan automaattisesti tulostettaessa olion sisältöä merkkijonona.

Toinen metodi _repr()_ kannattaa myös kirjoittaa, koska sitä käytetään muissa yhteyksissä olion tietojen esittämiseen. Esimerkiksi sovelluskehitinten debuggerit osaavat käyttää _repr()_-metodin palauttamaa esitystä olion tietojen esittämiseen.

```
class MyPython:
    def __init__(self, version):
        self.version = version

    def show_version(self):
        print(f"Version is {self.version}.")

    def set_version(self, version):
        self.version = version
        print("Setting new version")

    def __str__(self):
```

```
        return f"Version is {self.version}."

    def __repr__(self):
        return f'MyPython("{self.version}")'

    @staticmethod
    def show():
        print("I'm a MyPython class")
        # self.version  # NameError: name 'self' is not defined
```

str()- ja _repr_()-metodit palauttavat luokan sisällön merkkijonomuodossa siten, että palautettavan merkkijonon voi muotoilla halutunlaiseksi. Näiden metodien keskeiset erot ovat:

- _str_()-metodi palauttaa olion merkkijonoesityksen, joka on tarkoitettu ihmisen luettavaksi.
- _repr_()-metodi palauttaa olion merkkijonoesityksen, joka on tarkoitettu koneen luettavaksi (*machine-readable*).

Luokan oletusmetodien kutsuminen tapahtuu automaattisesti, ja jos luokkaan ei ole toteutettu **str**()-metodia, kutsutaan automaattisesti **repr**()-metodia. Yleensä molemmat metodit kannattaa kirjoittaa luokkiin.

```
my_python = MyPython("3.8")
print(my_python)
my_python.set_version("3.8.16")
print(my_python)  # tai str(my_python). kutsuu __str()__
print(repr(my_python))  # kutsuu __repr()__

my_python2 = MyPython("3.10")
my_python2.show()
print(my_python2)
print(repr(my_python2))
print(my_python2)
```

```
Version is 3.8.
Setting new version
Version is 3.8.16.
MyPython("3.8.16")
I'm a MyPython class
Version is 3.10.
MyPython("3.10")
Version is 3.10.
```

Käytetään myös luokan ominaisuuksien asetuksiin liittyviä oletusmetodeja, joita voi käyttää minkä tahansa Python-olion kanssa.

80

```
print(my_python.__getattribute__("version"))
print(my_python.__setattr__("version", "3.10.5"))
print(my_python)
# print(my_python.__delattr__("version"))
# print(my_python) - AttributeError: 'MyPython' object has no
attribute 'version'
```

```
3.8.16
None
Version is 3.10.5.
```

Käytetään myös ominaisuuksien asetuksiin liittyviä oletusmetodeja, joita voi käyttää minkä tahansa Python-olion kanssa.

```
print(my_python.__doc__)
print(my_python.__dict__)
print(my_python.__module__)
print(my_python.__hash__())
```

```
#
None
{'version': '3.10.5'}
__main__
175575303024
```

Olioiden välinen vertailu

Olioiden väliseen vertailuun on tarjolla metodit:

- **_lt_** tai **_le_** - pienempi kuin tai pienempi ja yhtä suuri kuin
- **_gt_** tai **_ge_** - suurempi kuin tai suurempi ja yhtä suuri kuin
- **_eq_** tai **_ne_** - oliot ovat samat tai erit

```
class MyPython:
    def __init__(self, version):
        self.version = version

    def show_version(self):
        print(f"Version is {self.version}.")

    def set_version(self, version):
        self.version = version
        print("Setting new version")

    def __str__(self):
```

```
        return f"Version is {self.version}."

    def __repr__(self):
        return f'MyPython("{self.version}")'

    def __eq__(self, other):
        return self.version.__eq__(other.version)

    def __ne__(self, other):
        return self.version.__ne__(other.version)

    def __le__(self, other):
        return self.version.__le__(other.version)

    def __lt__(self, other):
        return self.version.__lt__(other.version)

    def __gt__(self, other):
        return self.version > other.version

    def __ge__(self, other):
        return self.version >= other.version
```

Verrataan olioita toisiinsa kutsuen luokkaan kirjoitettuja metodeja. Nyt vertailuun voi käyttää luokassa ylikirjoitettuja metodeja, jotka vastaavasti käyttävät vertailuun **str**-luokan vertailumetodeja. Huomaa, että olioiden vertaamiseen voi nyt käyttää joko metodin nimeä tai vastaavaa operaattoria (esim. **_eq_** tai ==).

```
my_python = MyPython("3.10.1")
my_python2 = MyPython("3.10.5")
my_python3 = MyPython("3.10.1")
print(my_python == my_python3)
print(my_python.__eq__(my_python3))
print(my_python >= my_python2)
print(my_python3.__ne__(my_python2))
```

```
True
True
False
True
```

Esimerkki: listan laskuoperaatiot

Toteutetaan luokka *ListCalculation*, jossa on toteutettu sen ainoaan ominaisuuteen eli listaan kohdistuvia erilaisia listan laskuoperaatioita.

```python
class ListCalculation:

    # Luokan konstruktori
    def __init__(self, num_list=None):
        if num_list is None:
            num_list = []
        self.num_list = num_list

    def print_values(self):
        print(f"{self.num_list}")

    # metodi tarkastaa, että kaikki listan arvot ovat
numeerisia
    def has_numbers(self):
        has_numbs = all(isinstance(item, int) or
isinstance(item, float) for item in self.num_list)
        return has_numbs

    # laskee listan arvojen summan
    def count_sum(self):
        s = 0
        for value in self.num_list:
            s += value
        return s

    # laskee listan arvojen keskiarvon
    def count_avg(self):
        s = self.count_sum()
        return s / len(self.num_list)
```

Otetaan esimerkkejä, jotka käyttävät *ListCalculation*-luokan metodeja arvojen tulostamiseen sekä summan ja keskiarvon laskemiseen.

```python
numbs = list(range(1, 21))
calc = ListCalculation(numbs)
if calc.has_numbers():
    calc.print_values()
    my_sum = calc.count_sum()
    avg = calc.count_avg()
    print(f"Summa={my_sum}, keskiarvo={avg}")
```

```
[1, 2, 3, 4, 5, 6, 7, 8, 9, 10, 11, 12, 13, 14, 15, 16, 17, 18
, 19, 20]
Summa=210, keskiarvo=10.5
```

```
flist = [x * 0.1 for x in range(0, 100)]
fcalc = ListCalculation(flist)
if fcalc.has_numbers():
    fcalc.print_values()
    my_sum = fcalc.count_sum()
    avg = fcalc.count_avg()
    print(f"Summa={my_sum}, keskiarvo={avg}")
```

```
[0.0, 0.1, 0.2, 0.30000000000000004, 0.4, 0.5, 0.6000000000000
001, 0.7000000000000001, 0.8, 0.9, 1.0, 1.1, 1.200000000000000
2, 1.3, 1.4000000000000001, 1.5, 1.6, 1.7000000000000002, 1.8,
1.9000000000000001, 2.0, 2.1, 2.2, 2.3000000000000003, 2.40000
00000000004, 2.5, 2.6, 2.7, 2.8000000000000003, 2.900000000000
0004, 3.0, 3.1, 3.2, 3.3000000000000003, 3.4000000000000004, 3
.5, 3.6, 3.7, 3.8000000000000003, 3.9000000000000004, 4.0, 4.1
000000000000005, 4.2, 4.3, 4.4, 4.5, 4.6000000000000005, 4.7,
4.800000000000001, 4.9, 5.0, 5.1000000000000005, 5.2, 5.300000
000000001, 5.4, 5.5, 5.6000000000000005, 5.7, 5.80000000000000
1, 5.9, 6.0, 6.1000000000000005, 6.2, 6.300000000000001, 6.4,
6.5, 6.6000000000000005, 6.7, 6.800000000000001, 6.9, 7.0, 7.1
000000000000005, 7.2, 7.300000000000001, 7.4, 7.5, 7.600000000
0000005, 7.7, 7.800000000000001, 7.9, 8.0, 8.1, 8.200000000000
001, 8.3, 8.4, 8.5, 8.6, 8.700000000000001, 8.8, 8.9, 9.0, 9.1
, 9.200000000000001, 9.3, 9.4, 9.5, 9.600000000000001, 9.70000
0000000001, 9.8, 9.9]
Summa=495.0, keskiarvo=4.95
```

Jos listan kaikki arvot eivät numeerisia, niin laskentaa ei suoriteta. Tarkastus voidaan vaihtoehtoisesti tehdä myös luokan muiden metodien sisällä.

```
no_calc = ListCalculation([1, 2, 2.4, 'abc'])
if not no_calc.has_numbers():
    print("Error: kaikki arvot eivät ole numeroita.")
    no_calc.print_values()
    # print(no_calc.count_avg()) # TypeError: unsupported
operand type(s) for +=: 'float' and 'str'
```

```
Error: kaikki arvot eivät ole numeroita.
[1, 2, 2.4, 'abc']
```

84

Periytyminen

Luokkien välille voidaan rakentaa hierarkioita. Olio-ohjelmoinnissa **periytyminen** (*inheritance*) on luokan piirteiden eli ominaisuuksien ja metodien siirtämistä toiselle luokalle. Hyvin useisiin käytännön ongelmiin voi soveltaa periyttämistä. Periytymisellä tarkoitetaan sitä, että luokka periytyy toisesta luokasta saaden sen luokan ominaisuudet ja metodit. Tämän lisäksi luokka voi toteuttaa lisää ominaisuuksia ja metodeja, joita toinen luokka ei tarjonnut. Tämän lisäksi periytynyt luokka voi ylikirjoittaa eli toteuttaa uudestaan periyn luokan metodit.

Seuraavassa esimerkissä toteutetaan *Language*-luokka. Language-luokasta periytetään *WebLanguage*-luokka, joka sisältää uusia metodeja ja myös ylikirjoittaa **_str_()**-metodin.

```python
class Language:
    def __init__(self, **kwargs):
        if "name" in kwargs:
            self._name = kwargs["name"]
        else:
            self._name = None
        if "version" in kwargs:
            self._version = kwargs["version"]
        else:
            self._version = None

    def version(self, version=None):
        if version is not None:
            self._version = version
        return self._version

    def name(self, name=None):
        if name is not None:
            self._name = name
        return self._name

    def __str__(self):
        return f"{self._name}, {self._version}"
```

Periytetyssä *WebLanguage*-luokassa voi viitata periyn luokan metodiin tai ominaisuuteen **super**-olion avulla.

```python
class WebLanguage(Language):
    def __init__(self, **kwargs):
        super().__init__(**kwargs)
        if "markup" in kwargs:
```

```python
            self._markup = kwargs["markup"]
        else:
            self._markup = None
        if "documentation" in kwargs:
            self._documentation = kwargs["documentation"]
        else:
            self._documentation = None

    def markup(self, markup=None):
        if markup is not None:
            self._markup = markup
        return self._markup

    def documentation(self, documentation=None):
        if documentation is not None:
            self._documentation = documentation
        return self._documentation

    def __str__(self):
        return f"{super().__str__()}, {self._markup},
{self._documentation}"
```

Luodaan *WebLanguage*-luokan olio, jonka konstruktorille määritetään nimi-arvo -parien avulla ominaisuudet. Näiden ominaisuuksien voimassa olo myös tarkastetaan luokan konstruktorissa.

```python
java = WebLanguage(name="Java", version="14", markup="HTML5",
documentation="Javadoc")
print(java)
java.markup("Markdown")
print(java)
Java, 14, HTML5, Javadoc
Java, 14, Markdown, Javadoc
```

Huomaa, että ominaisuudet ovat oletuksena julkisia, joten niitä voi muuttaa luokan ulkopuolelta.

```python
java._documentation = "HTML"
print(java)

Java, 14, Markdown, HTML
```

Luodaan periytetyn *WebLanguage*-luokan olio python, jonka konstruktorille määritetään nimi-arvo -parien avulla ominaisuudet. Yksi ominaisuus, *documentation*, jätetään antamatta, joten se saa oletusarvon.

86

```
python = WebLanguage(name="Python", version="3.10",
markup="md")
print(python)
```

```
Python, 3.10, md, None
```

WebLanguage-luokan kaikki ominaisuudet voi jättää antamatta, jolloin kaikki saavat
oletusarvot.

```
print(WebLanguage())
```

```
None, None, None, None
```

Esimerkki: periyttäminen

Seuraavassa esimerkissä toteutetaan *Animal*-luokka. *Animal*-luokasta
periytetään *Lion*-luokka, joka sisältää uudet *wake_up()*- ja *eat()*-metodit ja myös
ylikirjoittaa yliluokan *move()*-metodin.

```
class Animal:
    def __init__(self, species="Kala", color="harmaa",
sleep=False):
        self._species = species
        self._color = color
        self._sleep = sleep

    def sleep(self, sleep=None):
        if sleep is not None:
            self._sleep = sleep
        return self._sleep

    def move(self):
        if not self._sleep:
            return f"{self._species} liikkuu"
        else:
            return f"{self._species} nukkuu eikä voi liikkua"
```

Animal-luokasta periytetään *Lion*-luokka, joka sisältää uudet *wake_*up()- ja *eat()*-
metodit ja myös ylikirjoittaa yliluokan *move()*-metodin.

```
class Lion(Animal):
    def __init__(self, subspecies=None, species="Leijona",
color="keltainen", sleep=False):
        super().__init__(species, color, sleep)
        self._subspecies = subspecies
```

87

```python
    def move(self):
        return f"{super().move()} - alalaji on
{self._subspecies}."

    def wake_up(self):
        self._sleep = False

    def eat(self, food):
        if self._sleep:
            return f"Nukkuva {self._subspecies} ei voi syödä."
        return f"Tänään ruokalistalla on '{food}'."
```

Toteutetaan *Lion*-aliluokan toiminnallisuuden testaaminen. Ennen *move()*-metodin käyttöä, täytyy leijona herättää, muussa tapauksessa se ei pysty liikkumaan. Sovelluslogiikka rakennetaan tässä esimerkissä luokan sisälle.

```python
asiatic_lion = Lion("Aasian leijona", "Leijona", "kaneli",
True)
print(asiatic_lion.move())
print(asiatic_lion.eat("Antilooppi"))

barbary_lion = Lion("Barbaarileijona", "Leijona",
"kellertävänruskea", True)
barbary_lion.wake_up()
print(barbary_lion.move())
print(barbary_lion.eat("Antilooppi"))
```

```
Leijona nukkuu eikä voi liikkua - alalaji on Aasian leijona.
Nukkuva Aasian leijona ei voi syödä.
Leijona liikkuu - alalaji on Barbaarileijona.
Tänään ruokalistalla on 'Antilooppi'.
```

Privaatit ominaisuudet

Python-kielessä luokan ominaisuudet ovat oletuksena julkisia, jolloin niihin voi viitata myös luokan ulkopuolelta. Python 3-kielessä voi kirjoittaa luokkaan "pseudoprivaatteja" ominaisuuksia käyttäen alaviivaa ominaisuuden edessä. Näihin voi kuitenkin viitata suoraan luokan ulkopuolelta, joten kyseessä on vain syntaksi.

```python
class MyClass:
    def __init__(self, v1, v2):
        self._value1 = v1
        self._value2 = v2
```

```
    def get_values(self):
        return [self._value1, self._value2]


m = MyClass(21, 42)
print(f"{m.get_values()} ja {m._value1}")
```

```
[21, 42] ja 21
```

Python-kielessä voi kirjoittaa luokkaan **privaatteja ominaisuuksia** myös käyttäen kahta alaviivaa ominaisuuden nimen edessä. Näihin ei voi suoraan viitata ulkopuolelta, mutta edelleen viittaaminen on mahdollista, muttei toki suositeltavaa, kiertoteitse.

```
class MyPrivClass:
    def __init__(self, v1, v2):
        self.__value1 = v1
        self.__value2 = v2
        self._value3 = 55

    def get_values(self):
        return [self.__value1, self.__value2]
```

Ominaisuuksiin viittaaminen onnistuu edelleen syntaksilla (_Luokka__ominaisuus). Täten voidaan sanoa, että Python 3 -kielessä privaatti ominaisuus on enemmän sopimukseen pohjautuvaa, koska ominaisuuden arvoon pääsee edelleen käsiksi. Mutta toki edistynyt Python-ohjelmoija ymmärtää, että kahdella alaviivalla aloitettu ominaisuus on tarkoitettu yksityiseksi ja ei käytä sitä luokan ulkopuolelta.

```
m = MyPrivClass(21, 42)
print(f"{m.get_values()}")

print(f"viittaus {m._MyPrivClass__value1},
{m._MyPrivClass__value2}")

# print(f"{m.get_values()} and {m.__value1}")   #
AttributeError: 'MyPrivClass' object has no attribute
'__value1'
```

```
[21, 42]
viittaus 21, 42
```

Moniperintä

Python mahdollistaa periyttämisen monesta luokasta (*multiple inheritance*). Käytännön ohjelmoinnissa nk. **moniperintä** aiheuttaa usein ongelmia, joita on hieman hankala selvittää, joten tekniikkaa käytettäessä täytyy luokkien periytymisjärjestys tuntea tarkasti. Moniperinnässä on voimassa seuraavat säännöt:

- luokkien hakujärjestys (*lookup order*) on vasemmalta oikealle
- alimpana luokkahierarkiassa oleva luokka ensin

```python
class A:
    def f(self):
        print("A")

class B(A):
    pass

class C(A):
    def f(self):
        print("C")

class D(A):
    def f(self):
        print("D")

class E(B, C, D, A):
    pass

class G(D, C, B):
    pass

class H(B, C):
    def f(self):
        print("H")
```

Suoritetaan monesta luokasta periytyneiden luokkien ainoa funktiokutsu (*f()*) ja tutkitaan, minkä luokan funktiota todellisuudessa kutsutaan.

```python
e = E()
print(e)
e.f()
```

```
<__main__.E object at 0x0000028E11AA1520>
C
```

```
g = G()
print(g)
g.f()
```

```
<__main__.G object at 0x0000028E11AA1DC0>
D
```

```
h = H()
print(h)
h.f()
```

```
<__main__.H object at 0x0000028E11AA1790>
H
```

Esimerkki: olioiden järjestäminen

Otetaan seuraavaksi *Student*-luokka, joka sisältää kolme ominaisuutta (nimi *name*, arvosana *grade* sekä ikä *age*).

```
class Student:
    def __init__(self, name, grade, age):
        self.name = name
        self.grade = grade
        self.age = age

    def __repr__(self):
        return repr((self.name, self.grade, self.age))

    def to_string(self):
        return "{},{},{}".format(self.name, self.grade,
self.age)
```

Järjestetään kaikki *student_list*-listan alkiot, joka sisältää *Student*-olioita, annettujen ehtojen perusteella. Järjestetään oliolista oppilaiden nimen (aakkosjärjestys) ja arvosanan (laskeva järjestys eli suurin arvosana ensin) perusteella.

Määritetään opiskelijalista ja lisätään sinne kaiken kaikkiaan kuusi *Student*-oliota.

```
student_list = [Student('jim', 4, 21), Student('jane', 3, 23),
Student('anne', 5, 24)]
student_list.append(Student('niles', 2, 17))
student_list.append(Student('jonas', 2, 19))
student_list.append(Student('kim', 5, 25))
```

Lajitellaan oppilaat nimen perusteella.

91

```
for st in sorted(student_list, key=lambda s: s.name):
    print(st)
```

```
('anne', 5, 24)
('jane', 3, 23)
('jim', 4, 21)
('jonas', 2, 19)
('kim', 5, 25)
('niles', 2, 17)
```

Lajitellaan oppilaat arvosanan perusteella siten, että paras arvosana on ensin.

```
for st in sorted(student_list, key=lambda s: s.grade,
reverse=True):
    print(st.to_string())
```

```
anne,5,24
kim,5,25
jim,4,21
jane,3,23
niles,2,17
jonas,2,19
```

Lajitellaan oppilaat arvosanan perusteella siten, että paras arvosana on viimeisenä.

```
for st in sorted(student_list, key=lambda s: s.grade,
reverse=False):
    print(st.to_string())
```

```
niles,2,17
jonas,2,19
jane,3,23
jim,4,21
anne,5,24
kim,5,25
```

Esimerkki: oman tietorakenneluokan toteutus

Otetaan esimerkki oman tietorakenneluokan toteutuksesta. Tässä toteutetaan **pino** (*Stack*)-tietorakenne *StackImplementation*-nimisenä luokkana, jossa mukana on myös poikkeuskäsittely. Sen ainoa ominaisuus on taulukko, joka sisältää pinossa olevat alkiot. Pinon keskeisenä periaatteena on, että alkion voi lisätä vain pinon päällimmäiseksi ja samoin vain pinon päällimmäisen alkion voi poistaa.

```
class StackImplementation:
    def __init__(self):
        self._elements = []

    def is_empty(self):
        return self.size() == 0

    def push(self, item):
        if item is None:
            raise ValueError("Item pushed was None")
        self._elements.append(item)

    def pop(self):
        if self.is_empty():
            raise IndexError("Cannot pop because stack is
empty")
        return self._elements.pop()

    def peek(self):
        if self.is_empty():
            raise IndexError("Cannot peek because stack is
empty")
        return self._elements[-1]

    def size(self):
        return len(self._elements)
```

Luodaan toteutus pinosta, jonne lisätään muutamia kirjoja, jotka ovat tässä esimerkissä vain merkkijonoja. Pinon päällimmäinen kirja myös palautetaan *peek()*-metodilla ja poistetaan *pop()*-metodilla.

```
book_stack = StackImplementation()
book_stack.push("Python Cookbook")
book_stack.push("Learn Python")
book_stack.push("Python with AI")
book_stack.push("Fluent Python")
print(f"Pinon huippu: {book_stack.peek()}")
print(f"Pinon koko: {book_stack.size()}")
book_stack.pop()
book_stack.pop()
book_stack.push("Data Analysis using Python")
print(f"Pinon huippu: {book_stack.peek()}")
print(f"Pinon koko: {book_stack.size()}")
```

```
Pinon huippu: Fluent Python
Pinon koko: 4
```

```
Pinon huippu: Data Analysis using Python
Pinon koko: 3
```

Tyhjätään kirjapino. Tämän jälkeen toteutetaan poikkeuskäsittely **try**/**except**-lohkolla, jos kirjapinossa ei ole enää kirjoja.

```
while not book_stack.is_empty():
    book_stack.pop()

try:
    book_stack.pop()
except IndexError as err:
    print(err)
if not book_stack.is_empty():
    book_stack.pop()
try:
    print(f"Pinon koko: {book_stack.peek()}")
except IndexError as err:
    print(err)

print(f"Onko pino tyhjä: {book_stack.is_empty()}")
```

```
Cannot pop because stack is empty
Cannot peek because stack is empty
Onko pino tyhjä: True
```

Esimerkki: Suomi-Englanti -Sanakirjan toteutus

Toteutetaan **sanakirjaluokka**, jossa on suomenkielisiä sanoja sekä niitä vastaavia englanninkielisiä sanoja. *FiEnDictionary*-luokassa on seuraavat metodit:

- *set_word(fin, en)* - lisää uuden sanan sanakirjaan
- *get_fi(en)* - palauttaa suomenkielisen sanan
- *get_en(fi)* - palauttaa englanninkielisen sanan
- *__get_reversed_dictionary* - privaattimetodi, joka kääntää sanakirjan sanat

```
class FiEnDictionary:
    def __init__(self, langs):
        self.__langs = langs

    def __get_reversed_dictionary(self):  # privaatti metodi
        return {en: fi for fi, en in self.__langs.items()}

    def get_en(self, word):
        return self.__langs.get(word)
```

94

```
    def get_fi(self, word):
        langs_rev = self.__get_reversed_dictionary()
        return langs_rev.get(word)

    def set_word(self, fi_word, en_word):
        if fi_word and en_word:
            self.__langs[fi_word] = en_word
```

Määritetään ensin kielidata avain-arvo -pareina ja syötetään se *FiEnDictionary*-luokan konstruktorille. Tämän jälkeen sanoja lisätään ja haetaan sekä suomenkielisillä että englanninkielisillä sanoilla.

```
init_langs = {'ohjelmointi': 'programming', 'luokka': 'class',
'olio': "object", "kieli": "language"}
fi_en_dict = FiEnDictionary(init_langs)
fi_en_dict.set_word("funktio", "function")
fi_en_dict.set_word("argumentti", "argument")
pr_fi = fi_en_dict.get_fi('programming')
fun_fi = fi_en_dict.get_fi('function')
dia_fi = fi_en_dict.get_fi('diagram')
fun_en = fi_en_dict.get_en('funktio')
print(f"Programming: {pr_fi}")
print(f"function:\t {fun_fi}")
print(f"diagram:\t {dia_fi}")
print(f"funktio:\t {fun_en}")
```

```
Programming: ohjelmointi
function:       funktio
diagram:        None
funktio:        function
```

Poikkeukset

Poikkeus (*Exception*) on epänormaalitilanne ohjelma suorituksen aikana. Yleensä poikkeukset ovat **virhetilanteita**. **Poikkeuskäsittely** (*Exception handling*) on virhetilanteiden käsittelyä. Ohjelman ajon aikana on mahdollista nostaa poikkeus (*raise an exception*), jolloin poikkeusolio välitetään eteenpäin kutsuneelle ohjelmalle, joka sitten päättää, että käsitteleekö se poikkeuksen vai ei.

Pythonissa poikkeukset ilmenevät ohjelman ajon aikana ja niiden käsittelyn voi hoitaa **try\except**-lohkolla.

```
try:
    # poikkeuksen mahdollisesti aiheuttava koodi
```

```
except Poikkeustyyppi as exp:
    # poikkeuksen käsittely (exp-oliossa tieto)
except Exception as exp:
    # poikkeuksen käsittely (exp-oliossa tieto)
finally:
    # lohko suoritetaan joka tapauksessa
try:
    a = 5 / 0
    print(a)
except ZeroDivisionError as exp:
    print(f"Nollalla jako: {exp}!")
except Exception as exp:
    print(f"Poikkeus: {repr(exp)}!")
```

```
Nollalla jako: division by zero!
```

Poikkeuksen nostaminen

Poikkeuksen voi luoda myös **raise**-avainsanalla ohjelman ajon aikana. Tällöin poikkeus tulee käsitellä vastaavalla tavalla kuin muutkin ohjelman ajon aikaiset poikkeukset.

```
luku = "kymmenen"
try:
    if not type(luku) is int:
        raise TypeError(f"'{luku}' Sallitaan vain kokonaisluvut")
except TypeError as exp:
    print(f"TypeError: {exp}")
except Exception as exp:
    print(f"Poikkeus: {repr(exp)}!")
```

```
TypeError: 'kymmenen' Sallitaan vain kokonaisluvut
```

Kaiken tyyppiset poikkeukset voi käsitellä **Exception**-luokan avulla **try\except**-lohkossa. Tämä poikkeuskäsittelyn tarkkuus riittää useimpiin ongelmatilanteisiin ohjelman suorituksen aikana.

```
luku = "kymmenen"
try:
    x = int(luku)
except Exception as exp:
    print(f"Poikkeus: {repr(exp)}!")
```

```
Poikkeus: ValueError("invalid literal for int() with base 10: '
kymmenen'")!
```

Esimerkkejä poikkeuskäsittelystä

Otetaan muutamia esimerkkejä poikkeuskäsittelystä.

```
import sys

def exp_handled():
    try:
        r = "20" + 10
    except Exception as exp:
        print(f"Poikkeus: {repr(exp)}!")

def unhandled_convert(mj):
    return float(mj)
```

Esimerkeissä *exp_handled()*-funktio käsittelee poikkeukset metodin sisällä.
Vastaavaasti *unhandled_convert()*-funktio voi aiheuttaa **ValueError**-poikkeuksen, jos
muunnos merkkijonosta **float**-liukuluvuksi ei onnistu.

```
exp_handled()

try:
    unhandled_convert(10)
    # unhandled_convert() # TypeError: unhandled_convert()
missing 1 required positional argument: 'mj'
    unhandled_convert("Go")
except ValueError as err:
    print(f"{repr(err)}")
except TypeError as err:
    print(f"{repr(err)}")
```

```
Poikkeus: TypeError('can only concatenate str (not "int") to s
tr')!
ValueError("could not convert string to float: 'Go'")
```

Seuraavassa esimerkissä aiheutuu virhe siitä, että *exp_not_handled()*-funktion sisällä
kutsutaan *exp_handled()*-funktiota kahdella argumentilla, mutta kyseinen funktio ei
hyväksy argumentteja, vaan aiheuttaa ajon aikaisesti **TypeError**-poikkeuksen.

```
try:
    exp_handled("arg1", "arg2")
except TypeError as exp:
    print(f"{exp}\nYksityiskohtaisempaa tietoa virheestä:
{sys.exc_info()}")
```

```
exp_handled() takes 0 positional arguments but 2 were given
Yksityiskohtaisempaa tietoa virheestä: (<class 'TypeError'>, T
ypeError('exp_handled() takes 0 positional arguments but 2 wer
e given'), <traceback object at 0x0000028E11AAD1C0>)
```

Esimerkki: itse aiheutetut poikkeustilanteet

Poikkeuskäsittelyn voi rakentaa myös omien sääntöjen mukaan. Seuraavassa esimerkissä generoidaan satunnaisia arvoja välille [*min-max*]. Jos arvot eivät ole tällä välillä, niin nostetaan **ValueError**-poikkeus. Tämä poikkeus kuitenkin käsitellään välittömästi, koska *rand_values()*-metodilla luodaan *count*-kappaletta satunnaisia lukuarvoja, jotka ovat kyseisessä lukuvälissä.

```python
def rand_values(count, min_value=0, max_value=10):
    values = []
    while len(values) < count:
        try:
            res = rnd.randrange(min_value - 5, max_value + 5)
            if res > max_value:
                raise ValueError(f"Error: Generated {res} >
{max_value}")
            elif res < min_value:
                raise ValueError(f"Error: Generated {res} <
{min_value}")
            values.append(res)
        except ValueError as err:
            print(f"{err}")
    return values

values = rand_values(20, 1, 30)
print(values)
```

```
Error: Generated 34 > 30
Error: Generated -4 < 1
Error: Generated 33 > 30
Error: Generated -3 < 1
Error: Generated -3 < 1
Error: Generated -3 < 1
Error: Generated -4 < 1
Error: Generated -3 < 1
Error: Generated 31 > 30
[20, 23, 24, 13, 10, 2, 16, 30, 20, 9, 23, 29, 10, 24, 27, 10,
18, 10, 10, 25]
```

Tekstitiedostojen käsittely

Tekstitiedostojen lukeminen ja kirjoittaminen ovat erittäin yleisiä operaatioita ja ne on tehty Python 3 -kielessä hyvin helpoiksi toteuttaa. Käsitellään erilaisia tapoja lukea ja kirjoittaa tekstimuotoisia tiedostoja Python-ohjelmien avulla.

Tekstitiedostojen lukeminen

Pythonissa voidaan käsitellä **tiedostoja** (*files*) kielen peruskirjastolla ja sen tarjoamilla metodeilla. Ohjelmassa tiedosto tulee aina avata ennen kuin sitä voidaan lukea tai siihen voidaan kirjoittaa. Käsittelyn jälkeen tiedosto pitää myös sulkea. Myös virhetilanteissa tiedosto pitää sulkea.

Esimerkkejä tekstitiedoston lukemisesta

Otetaan muutama esimerkki tekstitiedoston sisällön lukemisesta eri tavoin.

Seuraava esimerkki lukee kaikki tekstitiedoston rivit ja tulostaa ne suoraan taulukosta. Voidaan määrittää *open(tied_nimi)*-funktiolle myös **'r'**, jolloin tiedosto avataan lukemista varten, mutta sitä ei tarvita, koska kyseessä on oletusarvo.

```python
file_name = "files/email.csv"
with open(file_name) as f:
    all_lines = f.read()
    print(all_lines)
```

```
Login email;Identifier;First name;Last name
laura@example.com;2070;Laura;Grey
craig@example.com;4081;Craig;Johnson
mary@example.com;9346;Mary;Jenkins
jamie@example.com;5079;Jamie;Smith
```

Seuraava esimerkki lukee kaikki tekstitiedoston rivit ja tulostaa rivit siten, että ne sisältävät rivinumerot.

```python
with open(file_name) as f:
    lines = f.readlines()
for i, line in enumerate(lines):
    print(f'{i}: {line}')
```

```
0: Login email;Identifier;First name;Last name

1: laura@example.com;2070;Laura;Grey
```

```
2:  craig@example.com;4081;Craig;Johnson

3:  mary@example.com;9346;Mary;Jenkins

4:  jamie@example.com;5079;Jamie;Smith
```

Seuraava esimerkki lukee kaikki tekstitiedoston rivit ja tulostaa rivit siten, että CSV-tiedostosta luetut kentät (sarakkeet) erotetaan toisistaan tabulaattorilla.

```python
with open(file_name) as f:
    lines = f.readlines()

all_lines = []
for line in lines:
    arr = line.rstrip().split(";")
    all_lines.append(arr)
for line in all_lines:
    print("\t".join(line))
```

```
Login email     Identifier     First name      Last name
laura@example.com     2070     Laura     Grey
craig@example.com     4081     Craig     Johnson
mary@example.com      9346     Mary      Jenkins
jamie@example.com     5079     Jamie     Smith
```

Tekstitiedoston kirjoittaminen

Ohjelma kirjoittaa satunnaisesti generoituja merkkejä utf-8-koodattuun tekstitiedostoon. Tällöin tekstitiedosto tulee avata oikeassa formaatissa (*encoding='utf-8'*). Määritetään myös avaamisen yhteydessä '**w**', jolloin tiedosto avataan kirjoittamista varten

```python
import random

# Kirjoittaa tulokset UTF-8 -enkoodattuun tiedostoon
def write_to_file(fname, lines):
    with open(fname, 'w', encoding='utf-8') as f:
        for line in lines:
            f.write(line)
```

Funktiolla *generate_unicode_lines()* generoidaan ja palautetaan satunnaisia Unicode-merkkejä sisältäviä rivejä *lines*-kappaletta.

```python
def generate_unicode_lines(lines):
    start = 1
    end = 10000
    arr = []
    for k in range(0, lines):
        str_codes = ""
        str_chr = ""
        for i in range(0, 80):
            val = random.randint(start, end)
            str_codes += ascii(chr(val))
            str_chr += chr(val)
        arr.append(str_chr + "\n")
    return arr
```

Ohjelma generoi kymmenen riviä satunnaisia Unicode-merkkejä. Ohjelma tulostaa satunnaiset rivit sekä lopuksi kirjoittaa tulokset tiedostoon *write_to_file()*-funktiolla.

```python
output_fn = "files/random_unicode.txt"
all_lines = generate_unicode_lines(10)
# tulostetaan ensimmäinen ja viimeinen rivi
print("".join(all_lines[:1]), "".join(all_lines[-2:-1]))
write_to_file(output_fn, all_lines)
```

（ランダムな Unicode 文字の出力行）

Tiedoston päivittäminen

Muita tiedostonkäsittelyoperaatioita, joilla voi päivittää tiedostoa, jossa on jo sisältöä, ovat:

- 'a', jolla tiedosto avataan kirjoittamista varten **lisäysmoodissa** (*append mode*). Tällöin uusi teksti lisätään aina tiedoston loppuun.
- '+', jolla tiedosto avataan sekä lukemista että kirjoittamista varten.

Seuraavassa esimerkissä kirjoitetaan toisesta tiedostosta luettu tieto lokitiedostoon lisäämällä uusi rivi viimeisimmän tiedostossa olevan rivin jälkeen.

```python
import datetime

def write_to_file(fname, lines):
    print(f"Kirjoitetaan '{str(lines[1][0])}' jne. txt-
tiedostoon {fname}")
    with open(fname, 'a+') as f:
        for line in lines:
            current_tstamp = datetime.datetime.now()
            wr_line = f'{current_tstamp};{"--".join(line)}\n'
            if "Login email--" in wr_line:
                continue
            f.write(wr_line)

def read_all_lines(fname):
    rows = []
    with open(fname) as f:
        lines = f.readlines()
    for line in lines:
        arr = line.rstrip().split(";")
        rows.append(arr)
    return rows
```

Luetaan tiedosto ja kirjoitetaan tästä informaatio lokitiedostoon (*output_log.txt*).
Lokitiedostoon tallentuu kirjoitushetken aikaleima.

```python
file_name = "files/email.csv"
output_fn = "files/output_log.txt"
all_lines = read_all_lines(file_name)
write_to_file(output_fn, all_lines)
```

```
Kirjoitetaan 'laura@example.com' jne. txt-tiedostoon files/out
put_log.txt
```

Esimerkki: tiedoston sisältö olioiksi

Otetaan esimerkki, jossa luetaan CSV-tiedosto, jossa tiedoston rivillä olevat sarakkeet
on eroteltu pilkulla toisistaan ja muutetaan sen sisältö listaksi *Student*-olioita. Tämän
jälkeen oliolistan tietoja voi käsitellä muistissa tavalliseen tapaan eli niitä voi tulostaa,
suodattaa, hakea tai järjestää.

```python
class Student:
    def __init__(self, name, grade, age):
        self.name = name
        self.grade = grade
        self.age = age
```

```
    def __repr__(self):
        return repr((self.name, self.grade, self.age))

    def to_string(self):
        return "{} ({}) \thas got a grade
{}.".format(self.name, self.age, self.grade)
```

Luetaan kaikkien opiskelijoiden tiedot *students.txt* tiedostosta. Tämän jälkeen opiskelijat lisätään *students*-listaan, joka sisältää luotuja *Student*-olioita.

```
students = []

with open('files/students.txt') as fpath:
    lines = [line for line in fpath]
    lines = lines[1:]  # skip the file header
    for line in lines:
        name, grade, age = line.strip().split(',')
        st = Student(name, int(grade), int(age))
        students.append(st)
```

Nyt *Student*-olioita sisältävän listan järjestäminen onnistuu **sorted()**-funktiolle, jonne voi antaa itse määritellyn järjestyksen järjestelyavaimen (**key**) perusteella.

```
for st in sorted(students, key=lambda s: s.age, reverse=True):
    print(st.to_string())
```

```
kim (25)        has got a grade 5.
anne (24)       has got a grade 5.
jane (23)       has got a grade 3.
jonas (19)      has got a grade 2.
niles (17)      has got a grade 2.
```

```
for st in sorted(students, key=lambda s: s.name,
reverse=False):
    print(st.to_string())
```

```
anne (24)       has got a grade 5.
jane (23)       has got a grade 3.
jonas (19)      has got a grade 2.
kim (25)        has got a grade 5.
niles (17)      has got a grade 2.
```

103

Hakemiston käsittely

Python-ohjelmalla voi tiedostojen lisäksi käsitellä myös hakemistoja sekä siellä olevia tiedostoja. Tehdään ohjelma, joka lukee hakemistosta tiedostolistauksen ja tulostaa sellaiset tiedostot, jotka päättyvät **.py**-tarkenteeseen.

```python
import os

start_dir = "."   # haettava hakemisto, suhteellinen polku
pattern = ".py"   # suodatin tiedoston nimille
os.chdir(start_dir)

for fn in (f for f in os.listdir(start_dir) if
f.endswith(pattern) and os.path.isfile(f)):
    line_number = 1
    print(f"Reading file '{fn}'...\n")
    with open(fn) as fnFile:
        for line in fnFile.readlines():
            print(f"{line_number}: {line}", end=" ")
            line_number += 1
```

Nyt ohjelman antama tulostus riippuu siitä, että mistä hakemistosta ohjelmaa suoritetaan ja onko siellä .py-tarkenteeseen loppuvia Python-lähdekooditiedostoja.

```
Reading file 'ex06_01_read_text_file.py'...

1: # Tekstitiedostojen käsittely
2:
3: file_name = "files/email.csv"
4: with open(file_name) as f:
::::::::::
19: for line in all_lines:
20:     print("\t".join(line))

Reading file 'ex06_02_write_new_file.py'...
```

Python-kirjastot

Tavallisessa elämässä **kirjasto** on rakennus, johon on tallennettu kirjakokoelma niiden lainausta varten. Vastaavasti ohjelmoinnissa **kirjasto** (*library*) tarkoittaa koodikokoelmaa, joita voi käyttää myöhemmin ohjelmassa. Kirjasto sisältää esikäännettyä koodia, minkä lisäksi kirjasto voi sisältää dokumentaatiota, konfiguraatiotietoa, luokkia ja vakioita ja muita tarvittavia osia.

Python-kirjasto on kokoelma toisiinsa liittyviä moduuleja, mikä tekee Python-ohjelmoinnista yksinkertaisempaa ohjelmoijalle. Kirjastoja käytettäessä samaa koodia ei tarvitse uudelleen kirjoittaa eri ohjelmille ja se on valmiiksi "standardilla" ja hyvin tehokkaalla tavalla toteutettu. Kirjastoilla on myös paljon käyttäjiä, joten Python-kirjastoilla on erityisen keskeinen rooli koneoppimisen, datatieteen, datan visualisoinnin ja tietokantojen käytön sovellusaloilla.

Python-standardikirjasto

Python-standardikirjasto (*The Python Standard Library*)
sisältää **sisäänrakennettuja moduuleja** (*build-in modules*), joiden kautta pääsee käsiksi järjestelmän perustoimintoihin, kuten I/O- ja muihin core-moduuleihin. Suurin osa Python-kirjastoista on kirjoitettu **C-ohjelmointikielellä**, minkä takia ne ovat usein hyvin tehokkaita myös käännettäviä ohjelmointiympäristöjä käyttävien mielestä. Python-standardikirjastot sisältävät tuen järjestelmäkohtaisille toiminnoille, kuten käyttöjärjestelmän hallinta, levyn I/O jne. Standardikirjasto sisältää myös monia Python-kielellä toteutettuja kirjastoja, jotka sisältävät hyödyllisiä ja yleiskäyttöisiä apuohjelmia. Python-standardikirjasto koostuu yli 200 moduulista, joten sillä on erittäin tärkeä rooli Python-kielen käytössä.

Python - muut kirjastot

Tämän lisäksi Python-kielellä on toteutettu runsaasti muita kirjastoja, jotka vaativat erillisen asennuksen järjestelmään. Niitä kutsutaan usein **kolmansien osapuolten kirjastoiksi** (*third party libraries*), koska ne eivät kuulu standardikirjastoon, joten niiden erillinen asentaminen on välttämätöntä kirjaston käyttämiseksi.

Keskeisimmät kirjastot kirjoitushetkellä ovat:

- **Pandas** on keskeinen kirjasto datatieteilijöille. Sitä käytetään datan analysointiin, käsittelyyn ja puhdistamiseen.
- **Numpy**: Matemaattinen kirjasto matriisien ja sitä moniulotteisempien taulukoiden laskentaan (*Numerical Python*).

- **Matplotlib**: Avoimen lähdekoodin kirjasto numeerisen datan visualisointiin, jolla voi tuottaa erilaiset kuviot, kuten viivadiagrammit, pylväsdiagrammit, histogrammit jne.
- **SciPy**: (*Scientific Python*) avoimen lähdekoodin kirjasto tieteellinen laskentaan ollen Numpy-kirjaston laajennusosa. Kirjasto tukee mm. differentiaaliyhtälöiden ratkaisemista, lineaarialgebraa ja signaalinkäsittelyä.
- **Scikit-learn**: Avoimen lähdekoodin kirjasto koneoppimiseen (*machine learning*), joita ovat mm. lineaarinen regressio, luokittelu ja klusterointi.
- **TensorFlow**: Googlen kehittämä kirjasto koneoppimiseen ja syväoppimiseen. Tensor-operaatioiden tuen ansiosta sitä käytetään myös matematiikan ja fysiikan tutkimuksessa.
- **Keras**: Syväoppimisen kirjasto, jolla voi mallintaa neuroverkkoja. Kirjasto sisältää GPU-tuen ja on toteutettu **TensorFlow**-kirjaston päälle.
- **PyTorch**: Laaja koneoppimisen kirjasto, joka optimoi tensorilaskentaa sisältäen tuen GPU-prosessoinnille.
- **PyGame**: Pelikehityskirjasto, jossa SDL-tuki (*Simple DirectMedia Layer*-kirjasto) joka tarjoaa järjestelmäriippumaton tuen grafiikalle, audiolle ja syötteelle.
- **SQLAlchemy**: Tukee yritysohjelmistoissa laajalti käytettyä **ORM**-tekniikka (*Object Relational Mapping*), jonka tarjoaa tehokkaan ja yhtenäisen tuen erilaisille tietokannoille.
- **BeautifulSoup** Tukee HTML- ja XML-kielten jäsentämistä.
- **iPython**: Tarjoaa arkkitehtuurin rinnakkaiseen ja hajautettuun laskentaan mahdollistaen tuen **Jupyter Notebook** -sovelluksille.
- **Flask**: Tunnettu web-sovelluskehys web-sovellusten kehittämiseen.
- **Django**: Verkkopalveluiden ja selainpohjaisten sovellusten rakentaminen.
- **Scrapy**: datan noutaminen web-sivuilta tukien myös kuvakaappauksien ottamista. Kirjastoa voi käyttää myös ohjelmistotestaukseen.
- **Robot Framework**: Python-kirjasto, jossa myös oma **RobotScript**-skriptikieli, jota voi käyttää ohjelmistojen testaamiseen.

Tämä lista ei ollut täydellinen, mutta antaa kuvan Python-kirjastojen monipuolisesta tarjonnasta. Kun hallitset hyvin Python-kielen ja sen peruskirjastot, on aika siirtyä hyödyntämään laajaa kirjastotarjontaa sovelluskehityksessä. Useimmat suositut kirjastot ovat ilmaisia, avoimen lähdekoodin kirjastoja, joten niiden käyttöönotto ei maksa muuta kuin aikaa.

Decimal-luokka

decimal-moduuli toteuttaa liukulukuaritmetiikan ihmisille tutummalla mallilla. Se poikkeaa tietokoneen tavanomaisesta liukulukuaritmetiikasta erityisesti siinä, että pyöristysvirheitä ei tule laskennan tuloksiin. Moduulin **Decimal**-olio voi ilmaista mitä tahansa lukua tarkasti, ja se voidaan koostaa joko kokonaisluvusta tai merkkijonosta. **Decimal**-olion sisältämän luvun voi pyöristää ylös- tai alaspäin ja rajoittaa merkitsevien numeroiden määrää.

Seuraava esimerkki sisältää toimivat **Decimal**-luvun luontitavat.

```
from decimal import Decimal
print(Decimal("3.14"))
print(Decimal(42))
```

```
3.14
42
```

Decimal tukee myös *NaN* ja ääretön (*Infinity*) arvoja.

```
print(f"{Decimal('NaN')}")
print(f"{Decimal(str(2e1000))}, {Decimal(str(-2e1000))}")
```

```
NaN
Infinity, -Infinity
```

Huomaa, että **float**-liukuvusta luotaessa **Decimal**-olion sisältämä luku on epätarkka. Jos **float** muutetaan ennen luontia merkkijonoksi, niin tuloksena on tarkka lukuarvo.

```
print(f"{Decimal(16.949999)} vs {Decimal(str(16.949999))}")
```

```
16.9499989999999982615008775610476732254028320312 5 vs 16.94999
9
```

Decimal ja kokonaisluvun laskeminen onnistuu, mutta liukuluvun kanssa tulee **TypeError**-poikkeus. Tämän voi korjata muuttamalla liukuluku merkkijonoksi ennen **Decimal**-konstruktorille syöttämistä.

```
a = Decimal('3.14')
b = 3.14
try:
    print(a + b)
except TypeError as exp:
    print(repr(exp))
print(a + Decimal(str(b)))
```

```
TypeError("unsupported operand type(s) for +: 'decimal.Decimal
' and 'float'")
6.28
```

pickle-moduuli

Pickle-moduulia käytetään Python-olion **serialisointiin**. Sen avulla mikä tahansa Python-olio voidaan tallentaa levylle. **Pickle** serialisoi olioon ennen kuin kirjoittaa sen tiedostoon muuntamalla tiedon serialisoiduksi tavuvirraksi (*serialized byte stream*), minkä voi tallentaa tiedostoon. Vastaavasti **deserialisoimalla** tavuvirta voidaan tieto palauttaa takaisin Python-olioksi.

Seuraava esimerkki tallentaa kolme oliota, jotka ovat **dict**-sanakirja, lista sekä kokonaisluku. Tiedot serialisoidaan **pickle**-luokan staattisella **dump()**-funktiolla.

```python
import pickle

# persist list and dictionary
data1 = {'a': [1, 2, 3, 4],
         'b': ('information', 'Unicode str'),
         'c': None}
list1 = [1, 2, 3, 4, ['eight', 'nine', 'ten']]

output = open('files/dumb.dat', 'wb')

pickle.dump(data1, output)

pickle.dump(list1, output)

pickle.dump(10, output)

output.close()   # suljettava, jotta tiedot tallentuvat
tiedostoon
```

Luetaan tallennetut olion tiedot takaisin. Tiedot serialisoidaan takaisin **pickle**-luokan staattisella **load()**-funktiolla. **pickle.load()**-metodilla luetaan takaisin kolme oliota, jotka ovat järjestyksessä **dict**-sanakirja, lista sekä kokonaisluku. Jos yritetään ladata tiedostosta enemmän olioita, niin tuloksena on **EOFError**, koska deserialisoitavaa dataa ei enää löydy.

```python
file = open('files/dumb.dat', 'rb')

data1 = pickle.load(file)
print(data1)

data2 = pickle.load(file)
print(data2)

data3 = pickle.load(file)
print(type(data3))
print(data3)

# pickle.load(file)   # EOFError: Ran out of input
```

```
file.close()
```

```
{'a': [1, 2, 3, 4], 'b': ('information', 'Unicode str'), 'c':
None}
[1, 2, 3, 4, ['eight', 'nine', 'ten']]
<class 'int'>
10
```

csv-luokka

CSV-formaatti (*Comma Separated Values*) on yksinkertaisimpia ja yleisimpiä tapoja tallentaa erotinmerkeillä eroteltua dataa tekstitiedostoon.
Monet *taulukkolaskentaohjelmat*, kuten **Excel**, tukevat CSV-formaattia. Samoin esim. Python-kieleen saatavalla **Pandas**-kirjastolla voi tehdä suoraan data-analyysia CSV-tiedostoja käyttäen.

Python-standardikirjastoista löytyvä **csv**-moduuli tekee CSV-tiedostojen kanssa työskentelystä paljon helpompaa.

Luetaan CSV-moduulin avulla tiedosto *files/persons.csv*.

```python
import csv

with open('files/persons.csv', newline='') as f:
    for line in f.readlines():
        print(line, end="")
```

```
id,first_name,last_name,latitude,longlitude,company,last_updat
ed

1,Jim,Carter,49.72082,18.44776,,8/13/2021

2,Ronald,Barnes,28.93859,115.70876,Lajo,12/20/2021

3,Philip,Jackson,53.45198,17.53169,Brainsphere,2/21/2021

4,Pamela,O'Reilly,38.52504,68.55124,,2/18/2022

5,Thomas,Jackson,34.03907,103.79044,Brainsphere,3/21/2020
```

Otetaan esimerkki CSV-tiedoston lukemisesta, jossa **csv.reader**()-metodi palauttaa iteroitavan olion, joka voidaan käydä kokonaisuudessaan läpi **for**-silmukalla.

```python
with open('files/persons.csv', newline='') as f:
```

```
    reader = csv.reader(f, delimiter=',',
quoting=csv.QUOTE_NONE)
    for row in reader:
        print("\t".join(row))
```

```
id      first_name      last_name       latitude        longlitude
        company last_updated
1       Jim     Carter  49.72082        18.44776                8/
13/2021
2       Ronald  Barnes  28.93859        115.70876       Lajo    12
/20/2021
3       Philip  Jackson 53.45198        17.53169        Brainspher
e       2/21/2021
4       Pamela  O'Reilly        38.52504        68.55124
        2/18/2022
5       Thomas  Jackson 34.03907        103.79044       Brainspher
e       3/21/2020
```

CSV-tiedostoon kirjoittamiseen käytettävä **csv.writer()**-metodi palauttaa olion, joka konvertoi käyttäjän antaman datan erotinmerkkimuotoon. Datan rivit voi kirjoittaa tiedostoon iteroimalla **writerow()**-metodia käyttäen.

Seuraava esimerkki kirjoittaa **csv**-tiedostoon, käyttäen **csv**-moduulin eri optioita lainausmerkkien tuottamiseen. Tiedostoon kirjoittaminen konfiguroidaan halutunlaiseksi käyttäen **csv.writer()**-metodia. Lainausmerkkien tuottaminen määritetään seuraavasti:

- **csv.QUOTE_ALL**
- **csv.QUOTE_NONE**

```
import csv

def csv_writer(data, fname, quote=False):
    with open(fname, "w", newline="") as csv_file:
        if not quote:
            writer = csv.writer(csv_file, delimiter=',',
quoting=csv.QUOTE_NONE)
        else:
            writer = csv.writer(csv_file, delimiter=';',
quoting=csv.QUOTE_ALL)
        for line in data:
            writer.writerow(line)


data = ["id,first_name,last_name".split(","),
```

```
        "1,Jim,Carter".split(","),
        "2,Ronald,Barnes".split(","),
        "3,Philip,Jackson".split(","),
        "4,Pamela,O'Reilly".split(",")
    ]

fn = "files/output.csv"
csv_writer(data, fn)

fn = "files/output2.csv"
csv_writer(data, fn, True)
```

Luetaan kirjoitettujen CSV-tiedostojen sisältö, jolloin kirjoituksen tuottamat erot näkyvät selvästi.

```
with open('files/output.csv', newline='') as f:
    for line in f.readlines():
        print(line, end="")
```

```
id,first_name,last_name

1,Jim,Carter

2,Ronald,Barnes

3,Philip,Jackson

4,Pamela,O'Reilly
```

Luetaan toinen CSV-tiedosto:

```
with open('files/output2.csv', newline='') as f:
    for line in f.readlines():
        print(line, end="")
```

```
"id";"first_name";"last_name"

"1";"Jim";"Carter"

"2";"Ronald";"Barnes"

"3";"Philip";"Jackson"

"4";"Pamela";"O'Reilly"
```

111

Päivämäärien käsittely

Pythonissa voi käyttää päivämääräolioita **datetime**-moduulin avulla.

- **date**-olion sisältämän päivämäärän voi helpoiten luoda **datetime**-luokan konstruktorilla.
- **time**-moduuli tarjoaa funktioita aikaleimojen käsittelyyn
- **datetime**-moduuli tarjoaa keinoja sekä kellonajan että päivämäärän käsittelyyn.

```python
from datetime import datetime, timezone, timedelta
from time import time
from datetime import date
from zoneinfo import ZoneInfo

today = date.today()
print("Today's date:", today)
```

```
 Today's date: 2022-10-18
```

```python
print("the current time is: ", datetime.now(tz=timezone.utc))
print("the current timestamp is: ", time())
```

```
 the current time is:  2022-10-18 10:33:22.486649+00:00
 the current timestamp is:  1666089202.486649
```

datetime-oliot voidaan alustaa useilla eri tavoilla.

```python
time_list = [
    datetime(year=2022, month=3, day=21, hour=9, minute=49,
            second=27),
    datetime.fromisoformat("2022-07-27 09:39:27"),
    datetime(year=2022, month=4, day=21, hour=10, minute=49,
            second=27, tzinfo=timezone.utc),
    datetime(year=2022, month=5, day=21, hour=10, minute=49,
            second=27, tzinfo=timezone.utc),
    datetime.fromtimestamp(10, tz=timezone.utc),
    datetime.fromtimestamp(time(),
            tz=ZoneInfo("Europe/Helsinki")),
]

for date in time_list:
    print(repr(date))
```

```
 datetime.datetime(2022, 3, 21, 9, 49, 27)
```

```
datetime.datetime(2022, 7, 27, 9, 39, 27)
datetime.datetime(2022, 4, 21, 10, 49, 27,
                  tzinfo=datetime.timezone.utc)
datetime.datetime(2022, 5, 21, 10, 49, 27,
                  tzinfo=datetime.timezone.utc)
datetime.datetime(1970, 1, 1, 0, 0, 10,
                  tzinfo=datetime.timezone.utc)
datetime.datetime(2022, 10, 18, 13, 33, 22, 504603,
        tzinfo=zoneinfo.ZoneInfo(key='Europe/Helsinki'))
```

datetime tukee suoraan aritmeettisia operaatioita. Lasketaan vuosituhannen vaihteessa syntyneen henkilön ikä (tulos riippuu ohjelman suoritushetkestä).

```
person_birthday = datetime.fromisoformat("2000-01-01")
birthday_str = datetime.strftime(person_birthday, '%d.%m.%Y')
person_age = datetime.now() - person_birthday
print(f"Ikä nyt {':'.join(str(person_age).split(',')[:1])}"
      f", kun syntynyt {birthday_str}.")
```

```
Ikä nyt 8326 days, kun syntynyt 01.01.2000.
```

Seuraavassa esimerkissä lasketaan, paljonko on aikaa seuraavaan jouluun.

```
def get_next_christmas(current_date):
    next_xmas = datetime(current_date.year, 12, 24)
    i = 0
    while next_xmas < current_date:
        next_xmas = datetime(current_date.year + i, 12, 24)
        i += 1
    return next_xmas
```

```
weekday_map = {0: 'Maanantai', 1: 'Tiistai', 2: 'Keskiviikko',
               3: 'Torstai', 4: 'Perjantai', 5: 'Lauantai',
               6: 'Sunnuntai'}
```

```
next_christmas = get_next_christmas(datetime.now())
print(f"Seuraava joulu {next_christmas} on viikonpäivänä " +
      f"{weekday_map[next_christmas.weekday()]}.")
person_age = next_christmas - datetime.now()
print(f"Jouluun aikaa
{':'.join(str(person_age).split(',')[:1])}.")
```

```
Seuraava joulu 2022-12-24 00:00:00 on viikonpäivänä Lauantai.
Jouluun aikaa 66 days.
```

Formatoidaan aika useilla eri tavoilla.

```
today = date.now()
print(today.strftime("%d.%m.%y"))
print(today.strftime("%d.%m.%Y"))
```

```
 18.10.22
 18.10.2022
```

```
print(today.strftime("%B %d, %Y"))
```

```
 October 18, 2022
```

```
print(today.strftime("%b-%d-%Y"))
```

```
 Oct-18-2022
```

Formatoidaan **datetime**-rakenteen sisältämä päivämäärä ja aika useilla eri tavoilla.

```
now = datetime.now()
print(now.strftime("%c"))
print(now.strftime("%x %X"))
print(now.strftime("%d.%m.%Y %H:%M:%S"))
```

```
 Tue Oct 18 13:33:22 2022
 10/18/22 13:33:22
 18.10.2022 13:33:22
```

Formatoidaan **datetime** useilla eri tavoilla, mutta asetetaan lokaaliarvo koodissa.
Tällöin käytetään kyseisen kielialueen, tässä tapauksessa suomen, lokaaliarvoja.

```
def locale_finnish():
    import locale
    locale.setlocale(locale.LC_TIME, 'fi_FI')

    now = datetime.now()
    print(now.strftime("%d. %Bta vuonna %Y."))
    print(now.strftime("%c"))
    print(now.strftime("%x %X"))
    print(now.strftime("%d.%m.%Y %H:%M:%S"))


locale_finnish()
```

```
 18. lokakuuta vuonna 2022.
 18.10.2022 13.33.22
```

```
18.10.2022 13.33.22
18.10.2022 13:33:22
```

Vaihdetaan lokaaliarvoksi *ruotsi.*

```python
def locale_sweden():
    import locale
    locale.setlocale(locale.LC_TIME, 'sv_SE')

    now = datetime.now()
    print(now.strftime("%d. %B %Y."))
    print(now.strftime("%c"))
    print(now.strftime("%x %X"))
    print(now.strftime("%d.%m.%Y %H:%M:%S"))


locale_sweden()
```

```
18. oktober 2022.
2022-10-18 13:33:22
2022-10-18 13:33:22
18.10.2022 13:33:22
```

Esimerkki: päivämäärät ja aikavyöhykkeet

Pythonin **datetime**-olio on oletuksena tietämätön aikavyöhykkeestä, missä operoidaan. Aikavyöhykkeen tieto pitää asettaa erikseen **datetime**-oliolle.

```python
from datetime import datetime

current_time = datetime.now()
print(current_time)
print(repr(current_time))
print("Aikavyöhyke:", current_time.tzinfo)
print("UTC:", current_time.utcnow())
2022-10-18 13:33:22.675988
datetime.datetime(2022, 10, 18, 13, 33, 22, 675988)
```

```
Aikavyöhyke: None
UTC: 2022-10-18 10:33:22.675988
```

Aikavyöhykkeet ovat kuitenkin tärkeä osa ohjelmia ja niiden manuaalinen hallinta on vaikeaa. Tämän takia joko asennetaan **pytz**-moduuli järjestelmään, koska siitä löytyy tuki erilaisille aikavyöhykkeille suoraan. Toinen vaihtoehto Python 3.9 -versiosta lähtien käyttää **zoneinfo**-moduulin luokkia aikavyöhykkeen asettamiseen ja vaihtamiseen.

Ensin tulostetaan aika Suomen aikavyöhykkeellä.

```
from zoneinfo import ZoneInfo
timezone_fi = ZoneInfo("Europe/Helsinki")
print("Suomen ajassa:", current_time.astimezone(timezone_fi))
```

```
 Suomen ajassa: 2022-10-18 13:33:22.675988+03:00
```

Vaihdetaan vielä aikavyöhykkeeksi Ruotsin aikavyöhyke.

```
timezone_se = ZoneInfo("Europe/Stockholm")
print("Ruotsin ajassa:", current_time.astimezone(timezone_se))

tz_lh = ZoneInfo("Australia/Lord_Howe")
print("Eräs Australian aikavyöhyke:",
current_time.astimezone(tz_lh))
```

```
 Ruotsin ajassa: 2022-10-18 12:33:22.675988+02:00
 Eräs Australian aikavyöhyke: 2022-10-18 21:33:22.675988+11:00
```

timeit-moduuli

timeit-moduulilla voi mitata koodin suoritusnopeutta. Moduulia voi suorittaa myös komentoriviltä esimerkiksi testaamaan jonkin kokonaisen skriptin suoritusnopeutta.

```
from timeit import timeit


def count_sum_while(last):
    s = 0
    i = 0
    while i < last:
        s += i
        i += 1
    return s


def count_sum_for(last):
    s = 0
    for i in range(last):
        s += i
    return s
```

```
def count_sum_range(last):
    return sum(range(last))
```

timeit-moduulilla selviää koodin suoritusnopeus ja sen **number**-argumentilla voi asettaa ajettavien toistojen määrän.

```
res = timeit("count_sum_while(100000)", number=1000,
globals=locals())
print(f"while:\t {res:.2f}s")
res = timeit("count_sum_for(100000)", number=1000,
globals=locals())
print(f"for:\t {res:.2f}s")
res = timeit("count_sum_range(100000)", number=1000,
globals=locals())
print(f"sum:\t {res:.2f}s")
print(count_sum_for(100000))
print(count_sum_while(100000))
print(count_sum_range(100000))
```

```
while:  12.85s
for:    6.53s
sum:    2.32s
4999950000
4999950000
4999950000
```

timeit-moduulilla voi verrata myös erilaisten ohjelmakirjastojen suoritusnopeutta. Suoritetaan vielä vertailun vuoksi summan laskenta **NumPy**-kirjaston taulukon avulla, jonka tuloksena voidaan todeta, että laskentanopeus kymmeniä kertoja nopeampi tällä metodilla.

```
import numpy as np

np_array = np.array(range(100000))
print(np_array.sum(dtype=np.int64))
res = timeit("np_array.sum(dtype=np.int64)", number=1000,
globals=locals())
print(f"numpy sum:\t {res:.2f}s")
```

```
4999950000
numpy sum:      0.11s
```

Web-sivun lataaminen

Käytetään **urllib**- ja **io**-moduuleja lataamaan verkosta mikä tahansa tiedosto, joka on annetusta URL-osoitteessa. Tulostetaan tiedoston sisältö näytölle vain osittain, koska URL-osoitteen sisältämällä sivulla on turhan paljon tulostettavaa HTML-koodia.

```python
import urllib.request
import io

u = urllib.request.urlopen('http://www.python.org')
f = io.TextIOWrapper(u, encoding='utf-8')
content = f.read()
print(f"Tiedoston pituus on {len(content)} tavua.")
print(f"**Alku**:\n{content[:100]}")
print(f"**Loppu**:\n{content[-15:-1]}")
```

```
Tiedoston pituus on 50786 tavua.
**Alku**:
<!doctype html>
<!--[if lt IE 7]>    <html class="no-js ie6 lt-ie7 lt-ie8 lt-ie
9">   <![endif]-->
<!-
**Loppu**:
/body>
</html>
```

JSON-datan käsittely

JSON (*JavaScript Object Notation*) on avoin standarditiedostoformaatti ja tiedonvaihtomuoto. **JSON-syntaksi** käyttää tavallista tekstiä muodostaen dataolioita attribuutti-arvo-pareista ja -taulukoista. Sitä voi käyttää esimerkiksi web-sovelluksista tiedon tallentamiseen ja lähettämiseen.

Python 3 sisältää sisäänrakennetun **json**-moduulin. **json**-moduulilla voi sekä **serialisoida** (*serialize*) että purkaa (*deserialize*) JSON-datan koodauksen.

Tämä hoidetaan pääasiassa kahdella metodilla:

- **json.dumps()** serialisoi sanakirjan, listan tai muun tietorakenteen JSON-muotoon
- **json.loads()** purkaa JSON-datan ja tuottaa rakennetta vastaavaan Python-tietorakenteen

```
import json


def create_json(dict_source):
    json_serialized = json.dumps(dict_source, indent=4)
    return json_serialized


def create_new_person():
    return {"first_name": "John", "last_name": "Smith",
            "address": {
                "street_address": "21 2nd Street",
                "city": "New York",
                "postal_code": "10021-3100"
            }, "phone": {
            "type": "mobile",
            "number": "055 54540054"},
            "employee": {
                "id": 22,
                "name": "dot com Oy"
            }}


def create_dictionary(json_person):
    return json.loads(json_person)
```

Luodaan JSON *person*-sanakirjan datasta.

```
person = create_new_person()
json_person = create_json(person)
print(f"Serialisoitu JSON:\n{json_person}")
```

Serialisoitu JSON on muotoa:

```
{
    "first_name": "John",
    "last_name": "Smith",
    "address": {
        "street_address": "21 2nd Street",
        "city": "New York",
        "postal_code": "10021-3100"
    },
    "phone": {
        "type": "mobile",
        "number": "055 54540054"
```

```
        },
        "employee": {
            "id": 22,
            "name": "dot com Oy"
        }
    }
```

Puretaan JSON-data takaisin Python-olioksi.

```
person2 = create_dictionary(json_person)
print(f"JSON luettu sanakirjaan:\n{person2}")
```

JSON-data on nyt luettu sanakirjaan *person2*, josta se tulostuu muodossa:

```
{'first_name': 'John', 'last_name': 'Smith', 'address': {'stre
et_address': '21 2nd Street', 'city': 'New York', 'postal_code
': '10021-3100'}, 'phone': {'type': 'mobile', 'number': '055 5
4540054'}, 'employee': {'id': 22, 'name': 'dot com Oy'}}
```